新译日本法规大全

（点校本）

法规解字

浙江归安　钱　恂
浙江仁和　董鸿祎　编纂
何勤华点校

商务印书馆
2007年·北京

图书在版编目(CIP)数据

新译日本法规大全(点校本)法规解字/钱恂、董鸿祎编纂;何勤华点校. —北京:商务印书馆,2007

ISBN 978-7-100-05345-7

I. 新… II. ①钱、董…②何… III. 法规解字—日本
IV. D931.3

中国版本图书馆 CIP 数据核字(2007)第126646号

商务印书馆委托华东政法大学
法律史研究中心
点校整理

主持人　何勤华

XĪN YÌ RÌ BĚN FĂ GUĪ DÀ QUÁN

新译日本法规大全

(点校本)

法规解字

浙江归安　钱　恂

浙江仁和　董鸿祎　编纂

何勤华　点校

商　务　印　书　馆　出　版

(北京王府井大街36号　邮政编码100710)

商　务　印　书　馆　发　行

北京市白帆印务有限公司印刷

ISBN 978-7-100-05345-7

2007年10月第1版　　开本 880×1230　1/32

2007年10月北京第1次印刷　　印张 5⅞

定价:22.00元

总　　序

《新译日本法规大全》，1907年由上海商务印书馆出版。它是一部汉译日本当时所有法律规范的作品。全书按照行政官厅顺序划分为25类，涵盖了宪法、行政法、刑法、监狱法、刑事诉讼法、民法、民事诉讼法、商法、出版法、著作权法、商标法、专利法、矿产资源与环境保护法等部门法律规范，收录法律、法规、敕令、规章等近3000件。

1896年，经盛宣怀(1844—1916)奏请、朝廷批准，南洋公学成立于上海。1899年，南洋公学设立译书院，并聘请张元济出任院董。张元济到任后，与南洋公学总理沈了培合意提出翻译《日本法规大全》，获盛宣怀允准后即着手进行。1904年，商务印书馆主人夏粹方也参与此事。至1907年，《新译日本法规大全》终于面世。

在近代，学习西方列强最成功的东方国家乃是日本。其在短短数十年间迅速完成的近代法律体系，一直是中国法学界所向往的学习范本。早在1896年派遣的第一批中国赴日留学生中，就有唐保锷等法律研习者。此后，赴日本研习法律的人数则更多。留日法科学生著文介绍日本法律，从事法律教育和法学研究，同时还积极翻译日本的法律、法令及法学著作，这些都对当时中国的变法修律产生了影响。从本书12篇序文所述以及在全部24位译校者中有19位为留学或就职于日本者，可清楚了解到留日法科学生在这一开创性事业中所起的作用及其工作历程的艰辛。

在清末，翻译出版的大型外国法律汇编，共有两套：一是共46册的同文馆1880年聚珍版《法国律例》，另一就是这十函共81册的《新译日本法规大全》。从某种意义上说，这也是近代中国门户开放以后两个特定时期译介外国法律的代表。前者是在两次鸦片战争之后向西方老牌强国法国学习，后者是1895年中日甲午战争失败后向原本被中国人视为“蕞尔小国”的日本学习；前者由官方主持翻译，对象是法国的六法全书，后者由民间主持翻译，对象是日本的所有现行法律汇编；前者由法国人毕利干（A. A. Billequin，1826—1894）口译、宛平时雨化笔述，后者的译者则几乎全是中国法科留学生。两者所显示的时代、背景、对象、主体以及翻译水准不同（后者的翻译水准远远高于前者），但其中所体现的精神却为一致，那就是当时的中国不得不放下千年帝国架子，效法世界法律强国，“择其善者而从之”，以图富国强兵、改变积贫积弱的落后状态。

自此之后，一百多年来，江山依旧，人事如烟。中国虽开始渐渐摆脱贫弱与耻辱，但要真正强大富裕，还有很多的路要走。其中的一条，即是必须始终持有谦逊、向先行者学习的精神，用最发达、完善的法律理念与制度规范不断充实、提高自身。现在，我们重新点校出版《新译日本法规大全》，除了该书本身所含的巨大学术价值之外，其根本用意也在于此。

我们希望，《新译日本法规大全》点校本的出版，不仅为了解日本乃至大陆法系国家法律的历史演变提供宝贵的背景知识，为学习、理解和借鉴先进的法律理念和法律精神提供范例，而且也为更积极主动、更富有成效地建设和推进法治国家做出贡献。

何勤华

于上海·华东政法大学

2007年5月1日

总卷数目录

① 总卷数目录为本次再版时增加。

凡　　例

一、本丛书点校过程中，不作有损原文的改动，只作适当的技术性加工，此乃一基本原则。

二、各卷目录按照原书的顺序排列，需加以页码。

三、原书为竖排，现一律改为横排，故原文中的"如左"、"如右"等用语，相应地改为"如下"、"如上"等。

四、原文断句太多，或断句不恰当，或应该断句却未断句的，按照现代阅读习惯再行合并或断句。

五、使用新式标点符号，须依据现代汉语阅读习惯和规则。但为了尽量保持当时法典翻译的原貌，有些例外。比如，

"第一条　本法律应罚之罪，分为三种：

一　重罪。

二　轻罪。

三　违警罪。"

此种结构的法条，各项之间不必改用分号，各项序号后也不必加"、"。

六、所使用的量词不统一的，应该统一，比如"圆"、"园"，统一于"元"、"圆"等。

七、各法律、法规标题名称后注明的颁布年代后须加以西元的年代，采用如"刑法 明治十四年(1881 年)布告"的方式，但法条正文中

涉及的日本年号则不必加以西元的年代。

八、个别日文未译成中文的，在各卷第一次出现时以注释加以说明，如“会社，即公司。”、“勾引状，即拘传证、拘传票。”等。

九、原书存在错误的，应该加以改正，并以注释加以说明，统一采用“原书为‘xx’，应系排版之误”的表述。

十、所有注释一律采页下脚注，每页重新编号。同时，因原书并无任何注释，所有注释皆为点校者所加，故无须加上“——点校者注”等字样。①

① 本凡例由李秀清执笔。

编辑说明

一、点校整理依据版本，为上海商务印书馆光绪三十三年（1907年）正月初版。初译者，为南洋公学译书院；补译校订者，为商务印书馆编译所。

二、原书为繁体字、竖排版，现改为简体字、横排版。

三、原书无标点之处，或使用句读之处，一律添加标点符号，或改为现在通行之标点符号。

四、本书点校版，遵循古籍整理原则，保留著作原貌。其内容的篇章、体例基本不做更动，在集结的卷次方面，按照原书十函的规模，变为现在的十卷本；同时，为了避免同一类法规置于不同的卷次中，在个别卷的归结上与原书函次略有不同。原书类下分册，现在合并（取消）编册，但在正文开头用“*”说明原书册次。在使用汉字方面，由于原书出版于百年前，再版本不使用现代汉字规范加以变更，一些词、字保留了原书的用字习惯。原书编排体例上，类下有章，编下也有章，这种重复仍然得以保留，未做改动。

五、对一些法规，其正文有章、节、款等，现在法条前增加了“要目”，以便于阅读。

六、在点校整理过程中，如果发现原书确有错误，或出现生僻之术语，或出现尚未翻译成汉语的日文汉字，一律用点校者注，以简要解释。一些字的通假用法、古汉语用法，也相应地做了脚注。

七、原书有目录两种：一为卷首部分，含 25 类的总目录；二为置于每类法规之前，各类目录。现将总目录不变，把各类目录按照这次的点校本卷次统一归纳于该卷正文之前，变为卷目录。

八、每卷末附“日汉法律专用名词对照表”，从注释中收集生僻词语汇集于此，方便阅读时查对。

九、1907 年本书出版时，使用“新译日本法规大全”书名，但他处仍使用“日本法规大全”或“法规大全”，未以统一。这次点校再版时，为了区别于 1907 年的版本，在原书名“新译日本法规大全”后增加了“（点校本）”字样，其他均未以更动。

十、本书是原书出版百年后之再版，为了说明其学术价值、现实意义，特别增加总序言和各个分卷序言。[①]

① 本说明由王兰萍执笔。

目　　录

① 干，汉语古文及日文作“乾”，故归类乙部。

① 敕，汉语古文及日文作“勅”，故归类力部。

② 单，汉语古文及日文作“單”，故归类口部。

---

① 执，汉语古文及日文作"執"，故归类土部。

② 婿，汉语古文及日文作"壻"，故归类士部。

③ 台，汉语古文及日文作"臺"，故归类士部。

④ 专，汉语古文及日文作"專"，故归类寸部。

① 从,汉语古文及日文作"從",故归类彳部。
② 冲,汉语古文及日文作"衝",故归类彳部。
③ 复,汉语古文及日文作"復",故归类彳部。
④ 后,汉语古文及日文作"後",故归类彳部。
⑤ 卫,汉语古文及日文作"衞",故归类彳部。

① 书，汉语古文及日文作"書"，故归类曰部。

② 会，汉语古文及日文作"會"，故归类曰部。

③ 誊，汉语古文及日文作"謄"，故归类为月部。

④ 业，汉语古文及日文作"業"，故归类木部。

⑤ 归，汉语古文及日文作"歸"，故归类止部。

---

① 决，汉语古文及日文作"決"，故归类水部。

② 减，汉语古文及日文作"減"，故归类水部。

③ 勋，汉语古文及日文作"勳"，日语火部和灬部合在一起，故归类火部。

④ 乌，汉语古文及日文作"烏"，日语火部和灬部合在一起，故归类火部。

⑤ 营，汉语古文及日文作"營"，日语火部和灬部合在一起，故归类火部。

⑥ 为，汉语古文及日文作"爲"，日语火部和灬部合在一起，故归类火部。

---

① 磷，汉语古文及日文作“燐”，故归类火部。

② 无，汉语古文及日文作“無”，日语火部和灬部合在一起，故归类火部。

③ 窗，汉语古文及日文作“牕”，故归类片部。

④ 产，汉语古文及日文作“産”，故归类生部。

---

① 当,汉语古文及日文作“當”,故归类田部。
② 异,汉语古文及日文作“異”,故归类田部。
③ 叠,汉语古文及日文作“疊”,故归类田部。
④ 发,汉语古文及日文作“發”,故归类癶部。

---

① 茧，汉语古文及日文作“繭”，故归类系部。

② 总，汉语古文及日文作“總”，故归类系部。

③ 众，汉语古文及日文作“衆”，网也作四，故归类网部。

④ 义，汉语古文及日文作“義”，故归类羊部。

⑤ 膳，汉语古文及日文肉、月相通，故膳归类肉部。

① 临，汉语古文及日文作"臨"，故归类臣部。

② 兴，汉语古文及日文作"興"，故归类臼部。

③ 处，汉语古文及日文作"處"，故归类虍部。

④ 号，汉语古文及日文作"號"，故归类虍部。

---

① 里，汉语古文及日文作“裏”，故归类衣部。
② 複，古文为：重衣、夹衣之意，现代汉语也为“复”。
③ 制，汉语古文及日文作“製”，故归类衣部。
④ 亲，汉语古文及日文作“親”，故归类见部。
⑤ 变，汉语古文及日文作“變”，故归类言部。
⑥ 护，汉语古文及日文作“護”，故归类言部。
⑦ 预，汉语古文及日文作“豫”，故归类豕部。
⑧ 买，汉语古文及日文作“買”，故归类贝部。
⑨ 卖，汉语古文及日文作“賣”，故归类贝部。

① 回，汉语古文及日文作“廻”，故归类辶部。

② 游，汉语古文及日文作“遊”，故归类辶部。

① 鉴，汉语古文及日文作“鑑”，故归类金部。
② 矿，汉语古文及日文作“鑛”，故归类金部。
③ 镕，汉语古文及日文作“鎔”，故归类金部。
④ 开，汉语古文及日文作“開”，故归类门部。
⑤ 离，汉语古文及日文作“離”，故归类隹部。
⑥ 双，汉语古文及日文作“雙”，故归类隹部。
⑦ 电，汉语古文及日文作“電”，故归类雨部。

① 头，汉语古文及日文作"頭"，故归类页部。

② 类，汉语古文及日文作"類"，故归类页部。

③ 愿，汉语古文及日文作"願"，故归类页部。

点校前言

《日本法规大全》附《法规解字》一册，是《新译日本法规大全》一书的一个附录，它是对该书中的专门术语进行解释和说明的作品，共解释这类专门术语1918个。其目的是帮助读者更好地理解《新译日本法规大全》一书中所收录的各项法律、法规的内涵和意义。

《新译日本法规大全》一书，收录之法律、法规众多，内容既丰富，又有点庞杂。译者队伍也十分庞大，且水平参差不齐。加上翻译时间比较紧，译校相对比较仓促，许多用语尚没有翻译成中文。尤其是当时日本的经济社会发展已经比中国超前了许多，面临的经济、政治与法律问题与中国已有很大不同。所有这一切，都造成了《新译日本法规大全》一书中包含有许多对中国读者而言比较难解难懂的专门术语。本书的译校者意识到了这一点，因而在出版《日本法规大全》一书的同时，在书末附了一册《法规解字》，以帮助读者解决上述问题。

由于《新译日本法规大全》（点校本）一书各卷前有总序、点校者序，后有附录、编后记等，对于各卷的内容、特征以及优缺点等都已经有了说明，故本序仅就《法规解字》本身的内容、特征作一点分析，以帮助读者更好地理解和运用。从《法规解字》所收录的1918个专用名词来看，大体可以分为如下几种类型：

一、表示时间、物品和数量等的用语，如表示时间的“一周间”、“始期”（践行契约之期间）等；表示物品件数的，如“一口”（即一件）、

“一构”(即一家)等;表示货币度量衡等的,如“一毛(钱)”、“亚尔”(表示面积)、“代尼尔”(外国度量衡名)、“反别”(表示亩数)、“町步”(表示面积之名称)等。

二、表示日常生活中的用品以及人们行为的用语,如表示日用品的“自来水”、“下物”(日人系带,凡挂于腰带者,皆曰下物)、“真绵”(即丝棉)、“手荷物”(即旅客行李)、“指物”(手工制小木器)、“油团”(日本婚礼妆奁上披盖的印有各家世传之花纹的布)等;表示人们行为的“不参届”(证人不参列公庭,必须报告裁判所。此不参列之报告,曰不参届)、“取计”(即办理)、“番船”(对船只进行盘查)、“申立”(对官府所为不服者向官府陈述事由)等。

三、表示在当时属于新生事物的用语,如“特西迈当”(度名)、“特西立脱尔”(量名)、“亚尔密尼由金”(一种合金名)、“古尔塔尔”(西洋名词,即保护木料的油)、“曹达水”(一种饮料名)、拖末斯磷肥(一种肥料名,系粗铁精制时所生之副产物,研成细末,与粪溺等混和之,其奏效甚速,但不适用于新垦地,最适于温润土壤)等。

四、表示官职或制度等的用语,如“主务大臣”、“皇族家职”(宫内省中之官,掌皇族一家之事务)、“神官”(即掌神宫祭祀的官员)、“户籍吏”、“检事正”(地方裁判所之检事局长)、“主殿寮”(即宫内省中管掌宫殿者),以及“清算”(商事公司解散之时清理未了之事务的制度)、“破产”(在商店无力偿债之时,请裁判所干预,以所余之资本分偿债主之制度)、“禁治产”(法律上禁止某些有障碍者如疯痴之人自治其财产的制度)等。

五、表示法律专用名词的用语,如“二级选举制”、“不动产”、“不当得利”、“住所地法”、“不可分债务”、“时效”、“法律行为”、“法人”、“意思表示”、“最惠国”、“公诉”、“未遂犯”等等。

从本书作者的收词以及对这些名词的解释方法来看，它具有如下三个特征：

第一，大量用语，尚没有翻译过来，是将日语原封不动地直接搬进来了，但作者对其进行了解释，故大致可以看得懂。在这些用语中，有些用语和中国传统用语（中文）比较接近，故国人一看就能知道、理解。如“代理权”、“停职”、“保佐”、“保税仓库”、“占有”、“和解”、“否决”、“所有权”、“扶养”、“拘留”、“未成年”、“权利”等。但也有许多用语，与中文意义完全不同，读者根本看不懂，如“辨济”（即清偿、偿还）、“仕拂”（即支付款项）、“取缔”（即管理）、“名宛地”（即收信人地址）、手形（即票据）等。

第二，在对各用语进行解释时，主要采用了“指代解释法”、“直接定义法”和“内涵说明法”等方法。

指代解释法并不讲清该词内涵是什么，而只是解释其为何种物品，如对“威斯忌”，作者解释为“西酒名”；“白尔莫”，也解释“西酒名”；对“尼喀尔银”，解释为“合金名”；“布利达惹麦达”和“亚尔密尼由金”，也都只是解释为一种“合金名”。对“电话”，解释则是“德律风”三个字。

直接定义法，是对一部分名词直接下定义，如对“场合”，作者定义为“时机也、情形也”；“地代”，定义为“地租也”；“密输”，定义为“私运也”；“庖丁”，解释为“厨刀也”；“引扎”，解释“仿单也、招贴也”等。

内涵说明法，是对所要解释的名词，不下定义，只是对其内涵作出说明，如关于“地役权”，作者解释其内涵为：“因保护自己之土地，法律上许其有使役邻地之权利，曰地役权。……如我之土地，因无灌溉之利，我得与邻地相商，有汲取邻水之权利，是曰用水地役权”。关于“契约”，作者说明为“二人对于一事件，相契而结约，曰契约”。关于“官报”，作者说明为：“分电报种类，为官报、局报、私报。属于官府事务所发之电，曰官报。属于电局事务所发之电，曰局报。属公众私事所发之电，曰私报。又政府发行报纸亦曰官报。此专就电信而言。”

第三，由于本书是按照一、丨、丶、丿等汉字笔划或部首偏旁排序，加上书前有一个详细的目录，因此，在查找某个专门用语时，还是比较方便的。比如，要查找“代金引换”一词，只要找到“人部”，即可以迅速查到（邮寄之物件寄到后，托邮局取回此物件之代价者，曰代金引换）。又如，查阅“株式申込证”一词，也只要查到“木部”，就可以马上看到（有人对于株式会社，即股份公司之招股者，约定认若干股，招股者即付以证书，令其按期付款，名曰株式申込证）。

但是，由于本书出版时间比较早，用字都是古代汉语，故其字形与现代简化汉字有区别。如查找“会头”（商业会议所之会长）一词，按照现代汉语，应查“人部”偏旁，但古代汉语之“会”字，写作“會”，归在“曰部”。这些，对古代汉语不甚熟悉的当代年轻人来说不是很方便。对此，点校者在本书目录中，都一一做了注释，以方便读者的查阅。

当然，相对于全书的众多法律、法规而言，本卷所收录的1918个专用名词还无法全部包容，就此，我们也在每一卷书后附了该卷中一些主要名词用语的中日文对照表，以便读者阅读理解。至于本书中的外来语，由于原著未附西语原文，因此，点校者无法一一查对，只得保留本书的原貌。

何勤华

于上海·华东政法大学

2007年5月1日

一 部

一廉　或作一角。犹言特别著名一件、一层、一段、一节、一次。

一构　房屋之外墙曰构。一构，犹言一家。

一口　犹言一件。

一毛　日本衡及货币之单位。如一百六十匁为一斤，十分为一匁，十厘为一分，十毛为一厘。又百钱为一元，十厘为一钱，十毛为一厘。

一闲张　贴纸于板，涂漆。以为器具者之称。

一化性　外国养蚕，不仅限于春季。春季之蚕孵化，仅有一次之孵化性质。故春蚕曰一化性。

一周间　用西例以七日为一周：曰日曜，曰月曜，曰火曜，曰水曜，曰木曜，曰金曜，曰土曜。历此七曜，曰一周间。即一星期也。

一加入　见加入申込注。

一览拂　银行见票即付，名曰一览拂。为银票支付之一种方法，是与一览后定期拂区别之名称。一览后定期拂者，即见票之后，定期三十日，或九十日方付给之谓（参看商法四八二、四六六、五二七、五二九、五三二[①]）。

一分判决　裁判官对于讼案之一部分，已审问终结者，曰一分判决。如求偿金钱与物品之诉讼，裁判官先判定令偿金钱之类是（参看民事诉讼法二二六）。

一级町村制　町村中选举议员之制度，以纳税之多寡而分等级。日本町村制，选举分为二级。例如町村之选举人，全数为二百。其总纳税额，为一千元，以五百元为一级。假如甲纳税三百元，乙纳税

---

① 此处数字五三二，即为商法第532条。以下同，不再另注。

二百元，合计得五百元。则此两人为第一级之选举人。其余之丙、丁、戊、己等，共纳税五百元，则为第二级之选举人。然町村之小者，纳税无几，不能分等级。故为一级町村制。

一等邮便电信局 日本官制，分邮便电信局为三等，递次相监督。以一等邮便电信局为头等，任该管内之二等、三等各邮便电信及邮便局电信局之监督，并掌邮便电信事务（参看邮便电信局注）。

三后 指皇后、皇太后、太皇太后而言（参看刑法一一六、一一七）。

三亲等内 依民法上亲等计算法，指一等内迄三等内而言。日本民法，定直系亲族为六等。如父母与子为一等，祖父母与孙为二等，曾祖父母与曾孙为三等，推至六等而止，等以外服尽矣。若旁系亲族，亦分六等，等以外服亦尽。其计算之法，如己与父母为一等，推至兄弟姊妹为二等。再推而至兄弟之子，所谓侄；姊妹之子，所谓甥，均三等。又从父母推至祖父母为二等，再推至伯叔父母为三等，等以外亦无服。

三亲等内之姻族 指无血脉关系之亲族而言。如属于夫之血脉者，为妻之姻族。属于妻之血脉者，为夫之姻族。其亲等算至三世而止，故曰三亲等内之姻族。其亲等计算法，与血族同（参看六亲等内四亲等内注）。

三角点标石 测量时，必先立一标准点，然后用三角法测之。测定之点，立一石以为标准，以期永久。此后如遇测量时，悉凭此石为标准点，故曰三角点标石。平地测量时，大都用此。

不均一之赋课 赋课租税于人民，必以均一为本，但别有例外。如府县关于管辖内一部分利益之事，而需经费，则赋课此一部分之人民，名曰不均一之赋课。

不越年蚕种 当年饲养者，曰不越年蚕种。

不渗透质　液体所不能渗透之物，曰不渗透质。例如置糖于布袋内，浸于水中，水即渗透布袋，而糖溶解。故液体能渗入之物质，曰渗透质。反之，如磁器玻璃等，能使液体不渗入，亦不透出者，曰不渗透质。

不动产　指不可移动之财产而言。如山林池沼田井及建于地之房屋，植于地之竹木，埋于地之矿物等类，皆曰不动产。

不当利得　法律上不当得之利而苟得之，致他人被其损害，曰不当利得。如假他人之财产或劳力而谋利，致他人被损害者是也。若甲、乙二商，同市同业。甲则过廉其价，以广招来；乙则因之而亏损，则不能谓之不当利得。不当又与不法迥殊。不法者无赦，不当者从轻也。

不可分债务　指不得分数次偿还之债务而言。如偿牛一匹，偿屋一所，固性质上不可分之债务。即如偿金千元，金本可分之物，然因两造有不得分偿之契约，亦得谓之不可分债务。

(按不可分债务，遇一债主而数负主，或数债主而一负主之时多用之)。

不动基点　测量时所测定之永久标准点，曰不动基点。

不继续地役权　使役他人土地之权利，含间断之性质者，曰不继续地役权。如用水地役权、通行地役权是(参看地役权注)。

不动产质　借债以不动产为质者，曰不动产质。质权之一种也(参看质权注)。

不可抗力　不问其力之为天然与人为，凡常人所不能抗拒者，名曰不可抗力。如天灾地异盗贼等事是也。

不参届　证人不参列公庭，必须报告裁判所。此不参列之报告，曰不参届(参看民事诉讼法二九五)。

不变期间 法律所定之期间，不许人民稍有变更，其期限，曰不变期间（参看期间注，民事诉讼法一六八、一七〇、四〇〇）。

上绪 俗称秤纽之一种。

上水 自来水也。

上簇 蚕至成熟作茧时，曰上簇。簇以藁茅麦秆豆秆白荻等物为之，尤以藁及白荻为良。取其干洁者，束其一端，使成山形，置成熟之蚕于其上，使之作茧者也。

上屋 可以上岸货物之房屋也。

上告 不服地方裁判所之第二审，及控诉院之第二审而上控者，名曰上告。

上林 上等之林。

上诉 不服裁判所之判决，再向上级裁判所申诉者，名曰上诉。上诉之方法有三：曰控诉；曰上告；曰抗告（参看上告抗告注，民事诉讼法三九六至四六六，刑事诉讼法二四二至三〇〇）。

下林 下等之林。

下戻 却回也。

下水 阴沟水也。

下物 日人系带，凡挂于腰带者，皆曰下物。

下驮 日本木屐。

下调 预行调查曰下调。

下渡 犹言交下。官府交付物件与人民之谓。

下水道 即阴沟、阳沟，为污水及雨水流通处。

下水溜 凡水潴处曰溜。下水溜者，所以停潴污水者也。

并木 种树成行，谓之并木。

世传御料 帝室私传之财产，世世守之，名御料。此种财产，大率关乎土地者居多。与国有之土地财产，迥不相涉。

丨 部

中窗 牖也。

中林 中等之林。

中继 电信自甲处至乙处，中间有联接两处之信者，谓之中继。

中间判决 裁判官对于中间之争点，而下之判决，曰中间判决。如甲乙二人，因债务而兴讼。甲主张款项未偿，乙或主张并未借款。是时必先决定借款之有无，而后可判其偿还与否。此有无借款之判决，为中间判决（参看民事诉讼法二二七）。

部

主物 与他物无关系，独立成为一物品者，又为主体之物件者，曰主物。

主担 担任事务之主，曰主担。

主参加 对于原被告已起而未结之诉讼，请求裁判所将原被告俱作为己之被告人者，名曰主参加。如乙占甲地而售与丙，乙、丙又因买卖是地，而起诉讼，甲知之请求裁判所，取消乙、丙之行为，则甲为原告，而乙、丙皆被告，甲即为主参加人（参看民事诉讼法五一、五二）。

主殿寮 宫内省中管掌宫殿者。

主马寮 宫内省中管掌御厩之马匹者。

主猎局 宫内省中掌狩猎者。

主务大臣 主务省之大臣也（参看主务官厅注）。

主务官厅 主宰行政事务之官署，曰主务官厅。若教育，则以文部省为主务官厅。军事，则以陆海军省为主务官厅。

主任理事 军法会议中，参预裁判事务之文官，曰理事。主持事务之理事官，曰主任理事。与民法上之理事不同(参看理事注)。

丸定木 画线用之规木，为图画器之一种。

丿 部

乘込 旅客之登舟、登车，皆曰乘込(参看商法五六三，五七六)。

乘组员 凡在船上管理事务之人，不论职之大小，皆曰乘组员。

乙 部

干燥质 干燥之物质也。

干式定量分析 含有各种物质之矿物，欲测其所含之物，各有重量若干，则先取欲测定之矿物秤之。然后用火灼热之，使矿物内能变气体之物质(如硫矿等)流散空中，更秤之。如失去重量若干，即为已变气体物质之重量。反覆求之，则各物质之重量，皆可测定。此法曰干式定量分析法。

亅 部

事务所 办理事务之所之通称。亦可专指有法律关系之事务所而言。

事业年度 经营事业，因会计上之利便，不以常年为结算之期，而特定一周年之期限，为年终结算之期者，曰事业年度。

事业方法书 泛言之，凡记载事业经营方法之书类，皆称事业方法书(参看国有林野法施行规则八，保险业法五)。

二 部

二重 两层也，重复也。

二毛 见一毛注。

二化性 外国饲蚕时期除冬季外，均可饲养。而蚕种之孵化，亦各不同。大抵春蚕只孵化一次，而夏秋蚕每孵化二次或三四次，故普通称夏蚕为二化性蚕，秋蚕为三化性蚕。

二加入 见加入申込注。

二级町村制 即此町村内选举议员，有二级之选举人者（参看一级町村制）。

二级选举法 即等级选举法之一种。等级选举法中，有分二级者，分三级者。日本选举町村议员，分为二级，故曰二级选举法。选举市议员，分为三级，亦曰三级选举法（参看等级选举法注）。

五朱 日本昔时货币之名词。四朱为一分，四分为一两，一朱约合中国六分二厘五，五朱约合中国三角一分二厘五。盖本于汉之五铢钱也。

五升桝 量物之器，可容五升，即五升斗也。

五町步 日本面积之名词。五町步，约合中国八十余亩（参看町步注）。

井户流 井旁弃水之处也。

亚尔 面积之单位也。一百平方迈当为一亚尔（参看生的亚尔注）。

亚尔加里 化学名词。钠、钾、锂金属原素三原素，其性质类似点甚多，别为一类，曰亚尔加里金属。此类原素，比水轻，与他物化合之力甚强，故有是名。又化合物之溶液，遇赤色试验纸或试验液，呈青色者，曰亚尔加里性，又曰亚尔加里反应。

亚尔密尼由金 合金名。

亠　部

市住民　有住所于市内者，皆谓之市住民。此系区别市公民之用语（参看市公民注）。

市公民　指市民之有公权者而言。有市制第七条所定之资格，得为市公民，即得享市制第八条所定之权利（参看市制七、八）。

交互计算　商人之间，或商人与非商人之间，平素互相交易至一定之期，彼此计算存欠之总数，各相抵销，有余不尽时即支付清讫，名曰交互计算。例如甲、乙皆商人，彼此之货物互相交换，及至年节或月杪交互计算其存欠之帐款是。若商人非商人之间之交互计算，即甲售货与乙，乙借金与甲，各相计算，以相抵销者是也（参看商法二九一、二九六）。

交番　犹言轮守。巡捕轮代站守之所，曰交番所。

交叉点　两线或两线以上相交之处，曰交叉点。

人　部

人形　或泥或纸之人形，小孩玩具也。

人寄席　剧场之一种。

人头割　以人数之多少为课税之比例，是曰人头割。例如十人当课百金，即每人当纳十金。若有二十人时，税额即减半，每人纳五金。以此比例，即谓人头割（参看商业会议所法施行规则一四）。

人相书　详载罪人之年龄容貌，使逮捕时易识其真相之公文，名曰人相书（参看刑事诉讼法八〇）。

借库　可以借用之仓库也。

借方　见贷方注。

借区券 借地之契券也。

借地料 地租也。

佃煮 鱼菜之类，和酱油煮熟者，谓之佃煮。此法创于江户佃岛，故有是名。

伪造 指仿造赝物而言（参看刑法一八二以下，商法四三七）。

条件 法律上有无效力，尚不能确定之条款，名曰条件。如甲与乙约曰：余经商获利，此约当践；余经商不获利，此约当毁。其践约、毁约之效力，必在甲获利不获利之时，今不能明也，是谓不确定之条件。他如契约所定之条款，皆曰条件。

傍系亲 指傍系之亲族而言。如兄弟姊妹伯叔甥侄，皆为傍系亲（参看三亲等内、四亲等内注）。

伺指令 属吏求长官指示，长官必答覆之。其答文，名曰伺指令。

优先权 得先于人以行优渥之权利，曰优先权。如质权、抵当权、先取特权、留置权，均为优先权（参看质权、抵当权、先取特权、留置权注）。

佣船者 因运送物品，雇用船舶之全部或一部而付以运金，谓之佣船。雇用船舶之人，即称佣船者（参看商法五九一以下）。

信号 犹言音信。音信之符号，曰信号。如兵舰扯旗通语之类是。为信号之所，曰信号所。

信号所 见信号注。

信书受函 人家门首设一箱，以备收信件用者。

信教自由 政府不以威力，强制人之信何宗教。

伊立的乌姆 贵金属之一。色白，而光泽如银，不易生锈，与白金熔合，可作天平法码等物之用。

作业 兴作一切工作事业之通称。如囚徒之从事于工作，谓之监狱作业。如造币印刷制铁,及制作电线灯塔之用品,谓之官业作业。若筑港建屋,及其他不动产之兴作,则泛称作业(参看商法二六四)。

使丁 使役之人,犹听差。

使用料 使用公共之物而缴纳之报酬费,名曰使用料。例如地方公建之屋宇,地方之公共物,若欲使用,给以报酬,此报酬之费,即所谓使用料(参看市制三一)。

使用料金 见使用料注。

使用贷借 指贷借使用之器具而言。如借卓椅书画之类是。按使用贷借,借主不受酬报,惟原物返还而已,故为无价之契约。

催青 蚕种感春气,必渐孵化。如任其自然,则孵化之迟速不一,饲养不便。欲免之,则用催青法。普通催青法,于春期将蚕种由贮藏处取出,悬于空气流通处,见纸上蚕子,有二三枚已变青色,即移入催青室内(普通养蚕室之一)安置火炉,使室内温暖,用寒暑表记之,令升至六十度,俟蚕种全呈青色。更经过四五日,使悉孵化,谓之催青。

催告 官吏对于法律有关系者,催促其回答之告示,名曰催告。催告之法,或面谈,或书函,或传语,以得其复音,及速毕其事为主。

仲立 立于他人之间,为营商之媒介者,名曰仲立。如甲、乙二人,彼此皆欲卖买。丙立于甲、乙之间为之介绍。以此绍介为营业,曰仲立营业。营此业之人,曰仲立人。此非补助他人之营业,法律上仍认为独立之商人(参看商法三〇五至三一二)。

仲立业 即指仲立人之事业而言,见仲立注。

仲立人 见仲立注。

仲买人 以自己之名义,受政府之特许,在取引所代他人卖买商品为业者，名曰仲买人。与仲立人不同（参看取引所及仲立注）。

仲买业 即指仲买人之事业而言。见仲买人注。

仲裁人 居间调停之人，名曰仲裁人。

仲裁手续 甲、乙起争端，丙察知其纷争之原因，设法调停，名曰仲裁。调停之规则，名曰仲裁手续。

仲裁契约 两造起争端时，相约不经裁判所，而服从调停者之公断，名曰仲裁契约（参看仲裁及契约注）。

债权 有令人偿债之权。惟所谓债者，非专指金钱而言，得监督其动作之权者，均谓之债权。如工人之工作，雇主有使其动作之权。工人苟舍己芸人（为他人干活），则雇主有禁其动作之权。

债权担保 负主以物或以人作保，使债主确实得行其权利，名曰债权担保（参看民事诉讼法五）。

债权让渡 以己之债权，让与他人之谓。如甲负乙千元，乙负丙千元，乙得将甲所负之千元让与丙，是曰债权让渡。惟法律上所不能让渡者有二：一债权之性质，有不适于让渡者；二预订不许让渡之约者是。

债务者 对于债主，负归偿之义务者，曰债务者。

休职 于一定之时期，命官吏休致，名曰休职。与司法官之停职无异，与陆军将校之停职不同（参看停职注）。

休泊料 旅人停泊于旅舍之费用，名曰休泊料。休泊料不包饮食料而言。

住所 言平日所住之地。质言之，即经营生活之根据地。如有人有家族财产在都城，即在都城构宅以住，更于乡间建一别墅，为棲息所。则法律上，必指都城之居宅为住所。与居所不同。

住所地法 指住所之地之法律而言。如在日本有住所之外国人，则以日本法律,为住所地法。当万国交通之日,凡人民适用之法律有三:曰日本国法;曰住所地法;曰居所地法。若在日本有住所之外国人,不得不受日本法律之管束,是曰住所地法。

伸度　生丝等物可延之使长者,以具有伸力故,测其究能伸长若干之单位曰伸度。

但书　凡法律条文有用但字,而含例外之意者,名曰但书。如但某事不在此限,即但书之一例也。

倾斜　斜面也,地面欹斜处。

系员　与挂员同,见挂员注。

系争权利　系应争之权利也。如甲、乙各执己见,互争财产权。此财产权,非争讼不能判明者,名曰系争权利。

修复　修理也。亦曰修缮。

假漆　髹漆品之不工致者。

假[①]杭　测量时暂设之标准木柱,曰假杭。

假证　指非正式之证书而言。因期限未到,或有他事故,不能交正式之证书,则先付此假证。

假决议　会议时,股东临席者尚无全体之半数,此少数株主之决议,尚待多数株主承认者,名曰假决议(参看商法二〇九)。

假登记　欲保全权利之故,不得即为正式之登记,而为暂时之登记者,名曰假登记(参看登记注,不动产登记法二、七)。

假出狱　监禁之犯人,在狱内有悛改之行为,得由典狱官请诸司法大臣,于监禁期限内,姑许其住居于狱外,仍受典狱官之监视者,名曰假出狱(参看监视注,刑法五三至五七)。

---

① 此处,及以下所用之"假"字,相当于中文的"临时"、"暂时"。

假住所 于本住所外,谋一时之便而定之暂时住所,法律上与本住所同视者,名曰假住所。如两造涉讼,原告或被告,因住所远隔之不便,得于附近裁判所之处,假定一住所是。

假处分 裁判所因保全人民之权利,先作暂时之处置而后裁判者,曰假处分。如乙占甲地,甲必与之涉讼,时甲又恐乙之转售于人也,于起诉时即求裁判所于未经裁判之先,暂行禁乙售卖是。裁判所之处置,曰假处分。

假执行 裁判官以国家之威力执行法权,保护权利之损失者,曰强制执行。然强制执行,必于判决确定后乃得为之,至判决尚未确定而裁判官有所执行,曰假执行。如被告已认为曲,而判决尚未确定时,裁判官即得执行法权是也。然假执行之权,不能滥用,颇多制限(参看民事诉讼法五〇一至五一一)。

假差押 暂时差押其财产,使之不能自由处置者,曰假差押(参看差押注)。

假规程 暂定之规则章程。

假检查 无确定及继续性质之检查,名曰假检查。如政府购买物品,必有检查委员,先约略检查。检查后认为合格,再精细检查。此约略之检查,谓之假检查。

假株券 股东已应募之股份,当未交付以前,先发股票样本暂作凭证者,名曰假株券。至照假株券上金额缴清后,即换以正式之股票。故假株券者,对于本株券而言,其区别在金额已付未付。日本旧商法,有此名称(参看商法施行法五六)。

假理事 暂任之理事,曰假理事(参看理事注)。

假拂渡 暂行拂渡之谓(参看拂渡注)。

假免状 见本免状注。

供托 供纳而倚托之谓。人民依法律之成规或依裁判所之命令，将银钱或契券质诸官府，以作保证，是曰供托。

供托金 见供托注。

供托物 见供托注。

供试品 欲测定物质内之成分，必先加他种药品试之，以观其呈何状态。所加之药品，即曰供试品。

仕拂 将款项支付也。

仕分 分别也。

仕入 买入之货物，以备卖出者，曰仕入。

仕入地 仕入之地（参看仕入注）。

仕样书 仕样犹言方法，如书明制造方法之文书，则称制造仕样书。

仕込造石数 制造而贮藏之，曰仕込。造酒者已制造而贮藏若干之石数，谓之仕込造石数。

代人 泛言之，凡代自己行事之人，皆曰代人。与代理人同。他如商会之选举代人，即代他人选举议员之谓。又如皇族涉讼，使人代赴公庭者，亦曰代人（参看商业会议所议员选举规则二二，及皇室典范五）。

代料 价值也。

代金 （见代料注）。

代金引换 邮寄之物件寄到后，托邮局取回此物件之代价者，曰代金引换。如甲地商人，托邮局寄物于乙地之买主，并托代取物价。乙地之邮局，遂令乙地买主到局付价，然后付以物件。此收得之代价，再由邮局汇送与乙地[①]商人，谓之代金引换（详细参看邮便规

---

① 此处“乙地”似为“甲地”之误。

则第二章第七节)。

代位 代他人而立于其位之谓。

代位辨济 今有甲负债于乙,是甲为负主,乙为债主。时乙苟使丙代立于债主之地位,则甲对于丙之偿债,名曰代位辨济。故代位辨济,不可作代人偿债解(参看辨济注)。

代理权 代理人所有之权利,曰代理权。

代理商 经营一定商业之商人,惟平时属其营业之部类,有为代理行为者,或为媒介行为者,名曰代理商。骤视之,颇与仲立人相似。惟仲立人不限于有一定商业之商人。且仲立人,除媒介之外,无代理之关系焉。又与商业使用人不同。商业使用人,乃受主人之雇,用主人之名而代理之也(参看仲立及商业使用人注)。

代务人 与支配人同。日本旧商法中,凡称支配人之处,皆称代务人。现行新商法,则废此称(参看支配人注)。

代办业 以代人置办事物为业者,曰代办业。如商法上之代理商是。

代言人 律师之旧称,今称曰辩护士。

代替物 交易上得以度量衡计算其价值之物,名曰代替物。

代尼尔 外国衡名,等于〇五三一三克兰姆。

偿还计算书 债主计算偿还款目之书类,名曰偿还计算书。此书当债务偿清时,负主得取之以为偿清之证(参看商法四九五)。

偿还请求权 持银券者,不能取银,则对于转付银券于己之人,有请求偿还其利益之权,谓之偿还请求权。例如出银券者为甲,付银者为乙,取银者为丙时,丙转付之丁,则持银券者为丁。丁向乙支取,乙拒而不付,则丁有向丙请求偿还之权,是曰偿还请求权。若丙向乙支,而乙不付,则丙请求于甲,名曰履行请求权。二者不可不区别。

停职　停止官吏执行职务，名曰停职。为官吏惩戒法之一种。停止之期限满后，仍许执行职务，故与免职不同。此专指司法官而言。若陆军将校之停职，停止后不再使之就职，故与免职无异。与免官不同，与休职又不同（参看休职注）。

停止　国家已与之公权，至违法犯纪时，停免而中止之，是曰停止。为刑法上一种附加之刑罚，适用于官吏者也（参看刑法三四）。

停泊料　船舶停泊于埠头时，所需之费用也。

停止条件　法律上效力之发生，尚未确定之条款，曰停止条件。如立保火险之约者，必曰房屋若罹火灾，当偿金若干是。法律之效力，发生于罹火灾之时，今未确定也，是谓停止条件。

停止条件附权利　其权利附有停止条件之谓也。今有立保火险之约者，必曰房屋若罹火灾，则赔款若干。是则此赔款之权利，在罹火灾之时，系附有停止条件者也，是曰停止条件附权利（参看停止条件注）。

保释　判事当预审之际，因刑事被告人之请求，并得检事之同意，得令被告以有价值之证券作保，暂行释放，名曰保释（参看刑事诉讼法一五〇、一五八）。

保佐　凡准禁治产者，必须保护而辅佐之，是曰保佐。任保佐之责者，曰保佐人。法律上得选为保佐人者，如父在为父，父没为母，父母俱没，或夫或妻。此外或户主，或开亲族会选之。论中国法，则父在子不得专，从未有产为子产，而父仅为保佐人者。外国则仅有产为子女之产，非为父者所有。而为父者，仅得为保佐人。

保险料　既定保险之约，不问有无损害，对于保险者，支付一定之保险费，名曰保险料。一称保险挂金（参看商法三九二、四〇一、四〇三）。

保险契约者 无论为人为己，凡与保险公司结保险之约者，皆曰保险契约者（参看商法四〇六）。

保险责任准备金 为保险事业者，须负赔偿之责任。因此责任，而准备金钱，名曰保险责任准备金。

保护预 预者寄存之谓。人以财产（指各种有价证券而言）寄存于银行，托银行代为保护，而不求殖利者，名曰保护预。

保安林 国家保护之森林，曰保安林。例如可以防备土石之崩坏，以及桿水患，御风灾。凡有益公众之卫生，点缀名胜之风致等森林，国家均编入保安林，以保护之。

保证债务 本人负债（此所谓债者，包含违约金、损害赔偿金、利息之三者）不能偿，保证人有代偿之责任，由此责任而负之债务，曰保证债务。

保税仓库 设仓库以屯积未纳输入税之货物者，名曰保税仓库。有官设者，有私设者。

介抱 照拂之谓。看护病人产妇，亦曰介抱。

便名 邮政局派送邮政信件时刻之记号也。例如每日派送邮件十次，第一次之便名为甲号是。

付笺 犹言标签。

动力 运动之力也。

并合地 甲区域与乙区域，合为一区域之地也。

仓库业 以开设仓库，代他人保管物品为业者，谓之仓库业。

仓敷料 开设仓库，代他人保存物品，则存物者，必付以代价。此代价，曰仓敷料。

仓荷证书 开设仓库，收储他人之货物，必付以证书。此证书，名曰仓荷证书。

价格表记　托邮政局寄物，将该物件之价格，书明封面者，曰价格表记邮便物。

价格表记邮便物　见价格表记注。

儿　部

元结　日本妇人妆饰品之一，以纸绳为之，略如中国之纸花。

元本　利源也。对于子金而言母财，曰元本。

元绪　俗称秤纽之一种。

元物　生产天然果实之原物也。如对于五谷而言田地，则曰元物（参看天然果实注）。

元利拂　国家募集国债后，每年本与利之付给，名曰元利拂（参看会计法一五）。

免状　奉官吏特许之执照，名曰免状。

免许　具特别之资格者，欲享特别之权利，而请诸官吏，官吏从其所请，名曰免许。如医生营业，必须考验，及格者始得开诊。乃因其所请，信为学术优长，免其考验，而许与之，是即免许之一例也。

免除　凡有义务者，免行其义务，曰免除。抛弃己之债权，以免除他人之义务者，亦曰免除。

免许料　国家许人民为特种事业，谓之免许。因求免许而纳之费用，曰免许料。

先取特权　当负主破产，或家资分散之时，一债主得先他债主而有受其归偿之特权，名曰先取特权。

兑换银行券　政府命中央银行（即日本银行）储相当之准备金，而许其发行纸券。其券面所书之额，随时随地，可以兑换现金，故与现金有同一之效用者，曰兑换银行券。即日本通用之纸币是。

克兰姆 法国衡名。一克兰姆合中国二分六厘四毫六丝六忽八微四织。

入 部

入津 进口也。

入组 混乱也,复杂也。

入夫 见入夫婚姻注。

入籍 因婚姻或养子,弃其原户籍,而入他家之户籍者,名曰入籍。非指入他国之国籍而言(参看户籍法一四六)。

入替 交替也。

入金 凡存入收入之金,皆曰入金。

入札 凡公家之建筑,及公物之竞卖,必先登诸报章。令人民之愿承办者,及愿购买者,各记其价,投函答复。由官府定期会集投函者,以开示各函,择价之最相宜者而定。此投函,名曰入札(参看民事诉讼法七〇三)。

入渠费 船舶入船坞,曰入渠。入渠之费用,曰入渠费。

入札拂 拂者,卖也,付也。物品依入札之方法,而卖与之,名曰入札拂(参看入札注,民事诉讼法七〇二)。

入林监札 砍伐树木时,入林之执照也。

入夫婚姻 入夫犹言赘婿。赘婿之婚姻,名曰入夫婚姻。

入港届书 进口单也。

入社申込证 相互保险会社之发起人,对于愿入会社者,必付以凭证。此凭证,名曰入社申込证(参看相互保险会社保险业法三〇)。

内译 将所有之事项,条列于内者,谓之内译。犹内容也。

内金 价金不全付,分数期摊还。此摊还之金曰内金。

内国邮便税率 邮政价目之率,曰邮便税率。其于内国之邮便税率,与寄往外国者不同，故称内国。与外国邮便区别之语。

两替 兑换也。以某种货币，与他同价之货币交换，名曰两替。例如以价值十元之纸币一枚，兑换价值一元之纸币十枚是。以兑换为业者，名曰两替商。

全窒素 无他物混杂之窒素也。

全磷酸水 磷酸乃三个水素一个磷三个酸素（详上）之化合物，其效用甚多。以水溶解之，曰磷酸水。全磷酸水，即无他物混杂者。

八 部

公布 以法律及命令，使周知全国臣民之行为，名曰公布。法律敕令之公布，天皇亲命之。阁令、省令以下之命令，使其机关行之。其方式在登载官报，以公示全国。法律命令，依公布生其形式的效力，又生官府执行之人民遵守之之实质的效力。即非法律命令，以某事实，编行公告，亦曰公布。

公判 裁判刑事，命检事、被告同赴公庭判决是非，许公众傍听，名曰公判。公判必在预审之后，公判之规则甚繁，刑事诉讼法，特定一编以详之（参看预审注，刑事诉讼法公判之编）。

公诉 有犯刑法者，由检事检查，伸诉于裁判所，是曰公诉。如有杀人于道者，警吏拘送检事局。然警吏非原告，必经检事查实，然后以公正之意见，伸诉于裁判所是也。

公开 裁判所、议会等，凡公然开演，准公众傍听者，泛称曰公开。对于秘密而言。

公权 公法上所有权利之总称，名曰公权。公法，如宪法、行政法、刑法、诉讼法、选举法等皆是。即国家与个人之间，直接规定之法律关系也。是故公权有三大类：一为个人自由之权，一为请求国家保护之权，一为参预政事之权。

公署 公吏办事之所，曰公署。如执达吏役场，公证人役场，均为公署。与官署不同（参看执达吏、公证人及役场注。民法施行法五、商法四四二）。

公设所 不问官府民间，凡供公共之用而设立之所，皆谓之公设所（参看户籍法七四）。

公法人 指行国家政务之法人而言。如府县市町村等之自治团体，皆曰公法人。与私法人区别之名称（参看法人、私法人注，商法二）。

公证人 代书民间契约之证券者，曰公证人。公证人由司法大臣任之。援据法律，以代书证券，为公吏之一种。其所作证券，谓之公正证书（参看公证人规则一八、民事诉讼法五五九）。

公正证书 指遗书之遣公证人代作者而言。作公正遗书之方式，详第一千零六十九条中。按公正证书，固为遗书款式之一种，然民间各种契约，凡遣公证人代作者，均谓之公正证书（参看公证人注，民法一〇六九、民法施行法五）。

公卖处分 依法律之定例，而拍卖人民之财产，名曰公卖处分（参看不动产登记法二九）。

分析 将物质内所含有之成分，分别而解析之，曰分析。分析分定性、定量二种（参看定性、定量注）。

分家 指分立之家而言。如兄弟分居，弟之家名曰分家。

分馏 即分别蒸馏之略词。凡遇两种或数种之溶液混合时，欲分别之，即用此法。例如酒精与水混合，不易区别，使将此混合液体加热，则水必至百度始沸腾。而酒精至七十度，即已沸腾，尽变蒸气。将此蒸气收集，而待其冷，必仍复为酒精，则水与酒精已判然分别，此法曰分馏，或曰分别蒸馏法。如数种液体，互相混合，用此法反复行之，即可分别矣。

分割之诉　共有之物，共有者因分割而起诉讼，名曰分割之诉（参看民法二五六、二五八，民事诉讼法二二）。

共助　相助为理也。

共益费用　数债主共有一债权，对此债权而使之费用，曰共益费用。

共同诉讼人　一讼事而有多数之原告，或多数之被告，此多数原告或多数被告，名为共同诉讼人（参看民事诉讼法四八至五〇）。

共同相续人　指多数之遗产相续人而言。如家主死亡时，有甲、乙、丙三子相续其遗产，则此三人即为共同相续人。惟家督相续人，以长子一人为限，故无所谓共同（参看家督相续遗产相续人注，民法一〇〇三、一〇〇六、一〇一三）。

具告　具其事而报告之谓。

具申　具其事而上禀之谓。

六分仪　望远器械名。其制，一弧形分为六十分度。六十分度，又分为百二十分度。装置望远镜，以测定角距离。

六亲等内之血族　指有血脉关系之亲族而言（日本所谓亲族，合血族、姻族两者而成）。其亲等算至六世而止，故曰六亲等内之血族。亲等计算法（参看三亲等内、四亲等内注）。

冂 部

再审　罪案已确定判决，而再在本裁判所翻案者，名曰再审。如杀人罪案，已确定判决后，又确知被杀之人尚生存，或未被杀之前已经死亡，则对此确定判决非再审不可是也。此系指刑事而言。若民事之再审种类凡二：一判决不合法律，请求取消此判决而再审；一请求原状回复而再审是也(参看确定判决原状回复注。刑事诉讼法三〇一至三〇九,民事诉讼法四六七至四八三)。

再缫 欲检查丝之良否,将已缫在框上之丝,再缫于他框上,以验其丝之粗细及丝之断头若干,曰再缫。

再送电报 应接受电报者,其居所迁移,不能接受,则由收电人或收电处,请求电局再行送到其新居,名曰再送电报(参看电报规则九、一三一至一三九)。

冖 部

冠物 日本于衣冠之类,皆称曰物。冠物即冠类也。

冫 部

凝结点 凡物体受热则熔融,而变液体;冷则凝结,而复为固体。物体异,则凝结之迟速亦异。故某物冷至何温度始凝结,即为某物之凝结点。

准备金 为应临时支付,而预备之金钱,名曰准备金。例如银行发行纸币时,必先预备有一定之金钱,以应不时之兑换。株式会社,亦必有准备金,以应不时之需用(参看株式会社注,商法一九〇)。

准禁治产 准者有相等之义。准禁非尽禁之谓,法律所准禁者有三:一精神耗弱之人;二聋者、哑者、盲者;三浪费之人。此三种人,非如疯痴者之全无智慧,惟其能力,终不充足,故法律上得选一保佐人,以保护而辅佐之。自表面上观之,与禁治产颇易含混。实则禁治产,为全无能力之人。准禁治产,为一部分无能力之人。

凵部

出头 临也。

出席 议员临议会之坐席而议事。

出生 诞生之谓。

出捐 出资以捐助他人之谓。如甲欲购乙之财产,因乙已抵当与丙,甲捐资向丙赎回,名曰出捐。按法律所谓出捐,因欲得权利而出捐,实有偿而非无偿者也。

出愿 出而请求于政府曰出愿。

出愿人 向政府请愿之人,曰出愿人。

出帆旗 船舶开行时,揭扬定式之旗,为开行之标者,曰出帆旗。

出张先 因公出外曰出张。出张所到之地,曰出张先(参看大林区署会计事务规程一〇三)。

出张所 犹言分局,与支店不同。

出张裁判所 裁判所分局。

出港免状 出口准单也。

出来形之步合 出来,能也,成也。步合,分算也。如监工委员,每日清查工事,成就几何,而核算之,名曰出来形之步合。

刀部

割前 指分割之一份而言。

割水 加水也。酿酒之际,加之以水,名曰割水。

割引 折价之谓。

割合 率分也。分割总数而核算之之数,曰割合。

割符 木片书字,分为两边,各持其一,以为信之符节,名曰割符。

割赋金 割赋,分割赋与之意。如一种利益,各人分割而赋与之,则赋与之金,曰割赋金。

割戾金 支给后,因有特别事故,当减额时,从支给全额中扣出若干,而反还之。此反还之款,名曰割戾金。割,分割也;戾,返还也。

割赋赏与金 割赋、分割而赋与之谓。如有赏与之金钱,须分给与人者,则此金钱,谓之割赋赏与金。

割增金 劝业银行债券等,给还本息时,除原本外,另行抽签,发给花红,名曰割增金。如债券一股为五元,其割增金,头等五百元,二等百元。偿还债券时,抽签中头等者,给还五元之本息外,复另给五百元。

判事 依据法律,而行司法权之裁判官,名曰判事。

判任 官吏由大臣任用,不必奏闻天皇者,曰判任(参看敕任注)。

判决主文 略如批词。因判决所必要之公文,故曰判决主文(参看民事诉讼法二三六、二四四)。

别符 特别之符号也。

别段 例外之义。又特别也。法律上指例外之定例,名曰别段之规定。

别除权 当负主破产之际,凡握抵当权、质权、优先权之债主,均有卖其担保物,以作偿款之权。名曰别除权(参看破产法别除权之章)。

别使 见别使配达注。

别配达 特遣专差送到,曰别配达。

别配达邮便物 以邮政信件,特遣专差,送交收信人之邮件也。

切手 券也,票也。各邮票,名曰邮便切手。

切上 使之成整也。如四十五文钱,以五数不整,作五十文算。四十四文钱,以四数不整,作四十文算。均名曰切上(参看四舍五入法注)。

切芝 日本谓细草为芝。铺草地用之草苗，截为方块者，曰切芝。

切目 切断之处，切断之痕，均曰切目。

切替畑 交换之田亩。畑，旱田也。

切込炭 煤矿内之煤，凡分三类：即块炭、粉炭、切込炭是也。日本谓煤曰石炭，块炭即成块之煤。粉炭即散碎之煤。切込炭乃用刀锯分裂之煤也。

利求路 西酒名。

利札附 参看利札附之公债证书注。

利札附之公债证书 凡无记名之公债证书，必附支取利息之连票。至支取利息时，则切断之，持以为证，故名曰利札附之公债证书。

副署 皇帝所发法令诏敕，必亲自署名，而首相附署己名于皇帝署名之后。又如事关内政，则内务大臣加署己名，统名副署。

副原器 保存之原器外，更制一同式之原器，曰副原器。

刺文 犹言文身。

剥夺 剥削而褫夺之谓。凡国家已与之公权，至违法犯纪时复削夺之是也。为刑法上一种附加刑罚（参看刑法三一）。

前判 见后判注。

前绪 俗称秤纽之一种。

前贷 计算以前所贷付之帐目，名曰前贷，或称积债者是。如甲、乙二人，至期计算帐目，自今以前所贷之金，即名前贷。又有前借金者，与此性质不同。

前金 预付之金。

前金渡 买物先给其价，曰前金渡。

前纳额 预纳之金额也。

列席 判事临法堂之坐席而听讼。

列位灯　所以标示行列之位次之灯。

列车仕立驿　汽车接连数辆，故曰列车。仕立，调发也。驿，车站也。盖火车站有大者，有小者。其大者能调发车辆，其小者不过暂停火车，以使搭客上下。此调发车辆之车站，曰列车仕立驿。

到着番号札　番号，号码也。札，牌也。凡开公众大会，宾客到场，逐次必给一牌。牌上编定号数，以明其到场之后先，名曰到着番号札。

力　部

动议　凡于合议体之会议，一议员提出意见，以付其讨议，名曰动议（参看议院法二九）。

动产　可移动之财产也。凡不必毁坏而可以移动之财产，曰动产。

动产质　借债以动产为质者，曰动产质。质权之一种也（参看质权注）。

敕裁　凡天皇裁定者，名曰敕裁。

敕任　君上特以敕旨，任人以官，曰敕任。驾乎敕任上者，曰亲任。等而下之，曰奏任。又下曰判任。

勒斯　用细线编成花纹等之物。装饰品也，即纱边之类。

加工　加工作于他人所有之物上，谓之加工。如甲于乙所有之木料上，加以工作，而为器具，与乙所有之木料，显分两物者是。加工必在他人之物上者，因加工于自己之物上，则直云制造，非加工也（参看民法四六、二四七）。

加入　见加入申込注。

加入者　已为加入申込，而现在使用电话之人，曰加入者。但加入者之义不一，此则专指电话而言。

加入申込　报名使用电话，曰加入申込，已为加入申込者，由电话局装置电话机一具于其家，以备使用。此报名之书，曰加入申込书。报名之人，曰加入申込者。其所装置之电话机，每一具为一加入。如一家中装置电话机二具，即为二加入。其余准此推算。

加入申込者 见加入申込注。

加入申込书 见加入申込注。

加入登记料 行加入申込者，电话局即行注册。此费用曰加入登记料（参看加入申込注）。

加入电话机 已行加入申込，现所装置之电话机也。

加印者 立契约等，除本人外，保人等之签押者，曰加印者。

加里盐类 亦肥料也。可用以培植薯蓣瓜菜烟草等物。

助役 补助他人事务之职，曰助役。如市町村助役，则补助市町村长之事务。其他凡此类之职，皆曰助役。

券书库 指储藏书券之库而言。

劝业债券 指劝业银行发行之债券而言（详细参看劝业银行三十四条以下）。

勹 部

勾留 犯刑法而收监待审者，曰勾留。与拘留不同。

勾配 地面倾斜之度也。

勾引 裁判所以强制命令召人讯问，名曰勾引。

勾引状 裁判所命勾引犯罪人之文书，曰勾引状（参看勾引注）。

包括财产 但计财产所有之总数，而不计其中之盈亏者，名曰包括财产。如相续人得其父之财产五千金，其父尚有三千金之负债，若除去三千金，只余二千金之财产。今不分晰明白，但曰所得共计五千金。则此五千金之财产，名曰包括财产。

ㄈ部

匿名组合 见他人经营商业，而己愿出资本，收取其经营商业之利益，而不表明名号者，名曰匿名组合。例如甲欲营商，而无资本；乙出资本，使经营之，而乙但取其利益者是。此与借资不同。借资者，不论其营业之盈亏，而必收取息金，此则非有盈余者不取。又借资则不能监督其营业，此则能监督之也。出此资本之人，为匿名组合员。订此匿名组合之合同，为匿名组合契约（参看组合注，商法二九七至三〇四）。

匿名投票 当选举投票之际，用匿名之方法，使人不知投票者为谁，名曰匿名投票。即投票者不书己名于票是也。

区裁判所 日本分一市之地段为数区，每区设一裁判所，是为初审之裁判所。所判皆轻小简单之事。每区设一所，凡三百十所。若区裁判所所起之讼事，不服所判，得进诉于地方裁判所。再不服，可进诉于控诉院。

ㄊ部

协赞 法律必经君上裁可，仍必经议会协赞。协赞者，协和赞襄之意。

协谐契约 商人当宣告破产之际，与各债主互相协商，结一暂免偿还之契约，名曰协谐契约。此契约必由各债主之允诺，裁判所之许可，方认为有效（参看破产法一〇三八至一〇四四）。

卓上电话机 通常电话机，多装置于壁间。如加入者特请装置卓上，依便改装。此装置于卓上之机，曰卓上电话机。

卜　部

占有　不问其物之属己属人，凡得随意使用者，曰占有。若持他人所质之物品，借他人所有之物品，用他人存寄之物品，均得谓之占有。

占有权　不问其物之属己属人，得有随意使用其物之权利者，名曰占有权（参看占有注）。

占有之诉　占有者对于侵害其占有权之人，而起诉讼，名曰占有之诉（参看所有权及占有注。民法一九七、二〇二，民事诉讼法二二）。

卩　部

印纸　征印花税之票。

印鉴　立一簿书，使人钤印于其上，约定此后交涉，必以此印为凭，名曰印鉴（参看不动产登记法施行细则二六、二七）。

印刷物　凡付印之文字，概名之曰印刷物。

却下　却其所请愿，而不理也。

卷扬台　即升降机之类。凡欲由地面升至高处，或由遂道升至地面，难于升降之处，可用卷扬台，以便升降。矿内深处多用之。

卸卖商人　买诸贩客，以转卖与小本经商者之商人，曰卸卖商人。

即时抗告　讼事已经判定，诉讼之人，尚有不服，即于法律所定之期内，入告于上级之官署，名曰即时抗告（参看民事诉讼法四六六，破产法一〇一三）。

厂　部

原器　即国家法律规定之器。例如度量衡等，必有一定之大小轻重长短，由国家规定之，政府保存之，全国皆以此为准绳，如中国之工部营造尺库平仓石是。

原状回复 涉讼者,若于裁判所所定之期间,不为其所当为之事,则权利必丧失。然涉讼者,非因懈怠而逾其期限,实因天灾及其他不可避之障碍,而逾其期限者,裁判所仍许回复其权利之原状,故名曰原状回复(参看民事诉讼法一七三至一七七)。

原信电报料 见同文电报料注。

厄吉斯 肉汁之精者。

厶 部

参事会 参与地方事件之会,为地方自治之机关。日本之参事会有三:曰府县参事会;曰郡参事会;曰市参事会。

参考人 欲判断事实之是非真伪,使富于经验者述其意见,以备采用,名曰参考人。如货物入口,税关照例征税,乃因不知货物原价,又恐货主之妄言,一时难定税率,乃使商务有经验之人,陈述其物之源流,以备课税者之审量判断是,即一种参考人也。

参加人 非原被告,而法律许其干涉讼事者,曰参加人。

参加支拂 非具银券之本人参入,为之付给,名曰参加支拂。此付给之人,为参加支拂人。如参加引受人、预备支拂人皆是(参看参加引受及预备支拂人注,商法五〇八、五一三、五二九)。

参加引受 应照银券付银之人,于正当时期以内不能付给,使他人参入,为之引受,名曰参加引受。例如甲为出券者,乙为持券者,甲不能照券付款,丙参加为之引受而代付是(参看商法五〇〇至五〇七)。

又 部

受取 领收也。

受取人 接受之人,曰受取人(参看受取注)。

受取证 领收财物之证书,曰受取证。

受取渡 受授也。

受入 由他人受得物品之义。

受理 承受其事,而处理之。

受附 承受之谓。

受领证 即收条。与受取证同(见受取证注)。

受话器 电话机器之一部,所以听受通话也。

受持场 受持,负担之义。于狱中辟作业之场,使囚人负担作业之义务,谓之受持场。

受持区 受持即担当之谓。其担当之区域,曰受持区。

受付所 凡公众之地,必有受付书信,应对宾客之所,名曰受付所,又名受付口。

受命判事 受裁判长之命,办理特别事件之判事,名曰受命判事。如调查证据等事,皆受命判事行之(参看判事注,刑事诉讼法二三八)。

受信电报 由发电人向电局预求报告电报到达收信人之日时,以证确实送到,名曰受信电报。受信电报有二种:电报受信报知;邮便受信报知是也。电报受信报知者,用电报报告其送到之日时,邮便受信报知者,用邮便报告其送到之日时,均于发电时用略符号书明其意,以便电局照办(参看电报规则九、一一九至一二五)。

受托判事 甲裁判所求乙裁判所代为调查证据,则发嘱托书。受此嘱托之判事,名曰受托判事(参看判事注,刑事诉讼法一、三三)。

受负竞争 受负担之任曰受负。凡政府有建筑事业,必令工匠咸集,用竞争之法,而定承办之人,名曰受负竞争(参看入札及竞争契约注)。

受借财物消费 指消费他人寄托之财物而言,为刑法上罪名之一种。所谓费消罪是也(参看费消罪注)。

取拂 撤也,除也。

取寄 使寄送之谓。

取组 有把臂之义,实即交涉之谓。

取挂 事之着手,事之开始,名曰取挂。

取上 受理也,褫夺也。

取下 取回之谓。

取缔 管理也,监守也。

取缔役 遵株式会社之定则及株主总会之决议,有总理社务代表会社之权利义务者,名曰取缔役。故取缔役,专指株式会社之经理人而言(参看株式会社注,商法一六四至一七九)。

取缔方法 即管理监督之方法。

取立 债主催赎曰取立。此语用法,随地而异。兹案法律上之用法解。

取立金 应收回之款项,曰取立金。

取立金送达料 邮政局为人代行索回金钱,将其索回之金钱,送交请求人之费也。

取捌 处分也。

取糺 盘查也。

取缠 犹言汇为一括。

取引 交易也。

取引所 品物之卖买,有为现物者,有非现物者。卖买现物之所,谓之市场。不卖买现物,而专就市面行情互相售取之所,谓之取引所。据日本取引所法所定,凡市场繁盛之地,得设取引所。其建设之方法,因地方商业情况及物件之种类而异。亦有集股开设者。但一区域内,不得开设二所(参看商法二六三)。

取引所税 开设取引所,当经农商务省批准。既设之后,当依法律而纳税,即曰取引所税。税率分二种:一为一万分之六;一为一万分之三(参看取引所税法五六)。

取替 交换也。

取揃 汇齐也。

取调 调查也。

取押 犹言逮捕。

取消 即取已成之事而消灭之也。凡人据法律以行事,必须按法律实行,若半途有万难实行者,必告诸官府,取其事而消灭之,是曰取消。

取得品 所得之物品也。

取得时效 见时效注。

取计 办理也。

取扱 理处也。

取扱方 取扱之方法也(参看取扱注)。

取扱员 见取扱注。

取次 受人委托,而以自己之名为之办理事务,曰取次。与代理不同。代理者,用本人之名,而此则以自己之名。与雇佣又不同,雇佣不负责任,此则负担责任。欲定正确之意义,实为委任之一种,而不与以代理权者也。以此营业者,谓之取次营业。取次营业,即问屋及运送营业是(参看问屋及运送取扱人注)。

取扱书 协定之书也。

反别 亩数也。

反诉 权利被拘束之被告,对于原告有反对之主张,而再起诉讼,名曰反诉(参看民事诉讼法二〇〇至二〇二)。

反对给付 因我给付人以物,而人给付我之价,曰反对给付。如甲售财产与乙,是甲以所有权给付诸乙,则乙之给付此财产之价值,法律上谓之反对给付。

口 部

口钱 酬报买卖媒介人之金钱,曰口钱。

口述 以口述事也。

口头辩论 两造各提出事由于公庭辩论,名曰口头辩论(参看民事诉讼法一〇三)。

名前 名称也。

名主 田舍之户长保正,曰名主。此系旧时之称,今无此名。

名宛地 信面上所写收信人之地址,曰名宛地。

名誉职吏员 地方自治团体之吏员中,有不受俸给,而从事于职务者,谓之名誉职吏员。

名誉之证标 指用以表彰名誉之物而言。如赏牌奖札等类是(参看民事诉讼法五七〇)。

和解 不烦法律之判断而息争,名曰和解。

和解契约 两造遇有争端,不烦法律之裁判,彼此互相让步,而结息争之契约,名曰和解契约。与协谐契约不同。

商标 以绘画图样作商品之标识，登录于官备簿书中，以便禁人假冒者，曰商标。

商号 营业上商人所用之名号，曰商号。有用自己之名者，有选定数字者。日本商法，凡会社不可无商号。一人所设店铺，则可随意。但欲受法律之保护者，必选定商号，登记于官署，方有效力（参看会社注，商法一六至二四）。

商行为 为物品运转之媒介，而藉以营利之行为，名曰商行为。其范围甚广。为此行为之人，是商非商，皆不置问。例如卖买，即商行为之一种。其他若运送，若兑换，若保险，若趸积，若代存，若作工，若服劳，若借贷，凡藉此以营利者皆是。质而言之，卖者为商人，买者亦为商人，如贩夫之所为，固商行为；即卖者为商人，买者非商人，如购物者之所为，亦商行为。其他各种，举此类推（参看商法二六三至四三三）。

商惯习法 关于商业一切之习惯，国家所默认而生法律上之效力者，是为商惯习法。例如商人因习惯上所有之规则，虽不明定于法典中，亦得照习惯行之者是也（参看商法一）。

商事会社 凡经营商业之团体，曰商事会社。日本商法，定合名会社、合资会社、株式会社、株式合资会社之四种为商事会社（参看四种会社注）。

商业使用人 非独立之商人或因佣雇或因委任，以补助主人之经营商业者，名曰商业使用人。如支配人、番头、手代等是（参看支配人、番头、手代注）。

商业会议所法 为图地方上商工业之利益，补助官厅之行政，所设立之会议公所，名曰商业会议所。此所之成立，由地方公举议员三十名为发起人，申请于农商务省，得农商务省之批准而建设之。规定此商业会议所之设立方法及职员之权限，监督之方法，名曰商业会议所法。

否认 不认之谓。

否决 议员决议以为不可，谓之否决。

告知 官吏对于法律有关系者之告示，名曰告知。

告诉 由被害者将犯罪之事实，申告于裁判所，名曰告诉（参看刑事诉讼法四九至五一）。

告发 由局外者将犯罪之事实，申告于裁判所，名曰告发（参看刑事诉讼法五二、五三）。

可克 焦煤。

可决 议员决议以为可，谓之可决。

可煅性 有可以煅炼之性者，曰可煅性。

可耳克 用枳栎柎所制，西人以之塞瓶口者，此木谓之可耳克。质至轻，易浮水，故又以之制救命具。

可燃物 凡物质分可燃物、不可燃物、助燃物三类，如金石等不能燃者，曰不可燃物；空气等能助他物之燃烧者，曰助燃物；薪炭油煤等，引以火即燃者，曰可燃物。

味淋 酒名。

吸水力 凡能收吸水之物质，皆具有此力。如食盐置潮湿处，即渐渐溶化，以其有吸水力故也。

呼出状 裁判所召人之公文，曰呼出状。与召唤状不同。召唤状惟剥夺自由之刑事被告人用之，若召集不犯刑法之人，均用呼出状（参看民事诉讼法二九一）。

呼出通话券 行电话呼出时，由电话所交与被呼出者之证券也（参看电话呼出注）。

古尔塔尔　此西洋名词，保存木料之油也。

咎可申付　日本德川时代法律上之用语，犹言可加罪罚。

嘱托技术者　指受嘱托之技术者而言。如政府欲建工事，受嘱托之技师，曰嘱托技术者。

周旋业　介于两造间，为之奔走，为之媒介，以斡旋其事为业者，谓之周旋业。

同家　指同本家之家而言。如兄弟分居，各成一家，得互称为同家，因同由父家所分出者也（参看本家注）。

同文料　见同文电报注。

同文连名　以同一文字之电报，分作数份，发与同一市区町村内居住之数人。此数份电报，每份须连记各收电报人之姓名者，名曰同文连名（参看电报规则九）。

同文电报　发电人发同一文字之电报，与同一市区内，或同一收电局所在地之数人，曰同文电报。如将同文电报分送十人，其第一个称原信，自余九个为同文。原信电费，按字数缴收。同文电费，每电报一张，缴费十钱，谓之同文料（详细参看电报规则第十章第七节）。

同顺位　指列于同一顺序之位而言。如死者有子数人，则其续得遗产之权利，数人皆相等，即曰同顺位（参看民法九五六、九七四、九九四、九九五）。

同一回线　每装置电话机一具，架电线二条，是为一个回线。同一回线，即一个回线也。

唧筒　抽水机也。

嘴子　管口也。

单宁　为无色块状物体，味涩，五棓子、茶、桑皮、柿子等物内皆有之。

以其有与动物之皮及胶之结合力甚强，可供制鞣皮之用。

单价 凡承办工事价值之全部，曰全价。每物之价值，曰单价。

单独行为 本一人之意思而成之行为，名曰单独行为。如寄附行为及遗言，皆一人之意思所得决定，无须两造相商者，均得谓之单独行为（参看寄附行为及遗言注）。

单纯承认 不问户主财产所有之多寡，关于户主之债务，相续人均承认偿还，名曰单纯承认。反是谓之限定承认（参看相续人及限定承认注）。

单纯引受 引为己责，谓之引受。引为己责而毫不加条件者，名曰单纯引受。此系专指为替手形而言。盖为替手形，认付者苟已承认，即不得加缓期付款之条件，故其引受，甚为单纯也（参看条件及为替手形注，商法四六九）。

单独所有者 指一人有物之全部者而言。法律上与共有者区别之用语（参看民法二四七、一一〇一）。

合成物 结合数种而成为一种之物，名曰合成物。如屋亦物也，然必合数种之物料而始成为屋，故屋即谓之合成物。

合名会社 二人或二人以上集资设立会社，凡会社各种事业，为出资者数人公共分任，各种债务除资本作抵外，尚不足时，亦须出资者数人公共偿还者，名曰合名会社。中国名，合资公司（参看商法四九至一〇三）。

合资会社 会社，以负有限责任及负无限责任之二种主人相合而成者，名曰合资会社。按商法所以定合资会社之一种者，欲补合名会社之缺点。盖合名会社之主人，其责任无穷，非大资本家不能办。故此会社成立之法，一采合名会社之长，使一种社员，负无限之责任；一采株式会社之长，使一种社员，投资本若干，而资本外再有亏欠,不负责任,所以谋集资者之利便也(参看合名会社、株式会社、无限责任社员注,商法一〇四至一一八)。

合议裁判所　即地方裁判所、控诉院、大审院是也。此三种法衙中,分设民事部、刑事部,民事又分动产、不动产,刑事又分重罪、轻罪。部数多寡,皆视其事之繁简定之。每部置判事三人或五人或七人,合判一事,非如区裁判所之裁判权,属诸一人者。故名曰合议裁判所。

司法取扱　司法上之办法也。

启罗迈当　度名。一迈当,合中国工部营造尺三尺二寸三分四厘二毫一丝二忽八微。一千迈当为启罗迈当。

启罗克兰姆　衡名。一千克兰姆,为启罗克兰姆。

吉若可勒脱　即苏格拉也。南洋所产加非之类。

口　部

回漕　货物之运送,曰回漕。

回航地　回航,犹言巡航。回航所到之地,曰回航地。

图面　绘图也。

图书寮　藏帝室之谱系及世传图书之类。略似中国皇史宬。

图书头　图书寮之长。

国有林　国家所有之森林,曰国有林。别于民有者而言。

国务大臣　位居首相,日本称为内阁总理大臣者,以及内务、外务、农商务、大藏、司法、递信、文部、海军、陆军各大臣,名曰国务大臣。

四分一　合金名。

四亲等内　依民法上亲等计算法,指一等内迄四等内而言。若直系亲等,高祖父母与玄孙为四亲等。若旁系亲等,计算之法甚繁。如己与父母为一等，推至兄弟姊妹为二等。再推至兄弟之子、所谓侄，姊妹之子、所谓甥，为三等。再推而至兄弟之孙、所谓侄孙，姊妹之孙、所谓甥孙者，为四等。又从父母推至祖父母为二等。再推至伯叔父母为三等。再推而至伯叔父母之子女，所谓从兄弟姊妹者，为四等。又从直系三等之曾祖父母，推至曾祖父母之兄弟，所谓曾祖伯叔父母者，为四等。

四舍五入法　算数时略去小数之方法也。其小数为四以下，则舍之；其数为五以上，则作为上一位之一。如一二三.四，则作为一二三；一二三.五，则作为一二三四[①]也。算学上谓之四舍五入法。

固定军用电信　因军事所用之电线，曰军用电信。军用电信，分为二种：一为固定军用电信，一为游动军用电信。要塞军港等，为供防御之用，所常设之电线，曰固定军用电信。事变或阅兵之时，临时建设，而非常设者，曰游动军用电信。

土　部

土藏　犹言库藏。日本房屋，另筑一藏物之室，以防火险，名曰土藏。

土瓶　磁茶壶。

土地台帐　即记录全国土地，以备征收地租之帐簿。此帐簿，税务署掌之。与民法上之土地登记簿不同。

土地收用法　日本明治二十二年(1889 年)颁布之法律也。本法乃规定关于收用土地之例。凡民间之土地，有关于公共利益者，由政府给价购用之。其法详见本书。

土地抵当贷付　银行以土地作担保，而贷与人以金钱，曰土地抵当贷

① 原稿有误，应为一二四。

付。

在留 驻札羁留之谓。

在勤 犹言在公。

增锤 即西洋形权衡所用之锤。铁质,表面嵌以黄铜,略如法码,可随意增减。

增员议员 议员定额嫌不足时,或因人员增多,议员之资格亦增多时,乃于常额之外,复增选之。此增选之议员,即增员议员(参看府县制三一)。

增价竞卖 专指抵当土地之拍卖而言。如甲欲以千金购抵当诸乙之土地,乙嫌千金之价过廉,求裁判所将抵当土地拍卖。如拍卖时价,较千金增十分之一,尚无受主,乙得增付十分之一之价值,而购得之,名曰增价竞卖。

执行 执行即实行之意。凡法律公布之日,不得即认为执行之日。自公布之日,至执行之日,其间必有一定之期限。又用作强制执行之意(参看强制执行注)。

执达吏 属区裁判所一种之官吏。其职专司裁判所自上行下之庶务,无俸录,而取手数料。

执行文 裁判所因施强制执行而发之公文。此执行文,往往附记于判决主文中。其文曰:据上之判决,须施强制执行,着令被告某某知悉(参看强制执行注,民事诉讼法七四九)。

执行记录 执达吏行强制执行之时,须详记其执行之颠末,以备查考。此颠末书,名曰执行记录(参看执达吏及强制执行注,民事诉讼法六四三)。

基线尺室 基线尺,为测量必需之物。置基线尺之室,名基线尺室。

基本财产 财产之利息,可以使用。至于元本,则存储不动。此财产,谓之基本财产。

场所 处也。

场合 时机也,情形也。

地盘 地基也。

地拵 垦地使可以耕牧之意。

地目 依土地性质而区别之名目,曰地目。如田园山林原野等之名目是(参看不动产登记法一一)。

地代 地租也。

地积 即地之面积也。

地表 即地面也。

地役权 因保护自己之土地,法律上许其有使役邻地之权利,曰地役权。如邻家筑墙,致蔽我家之凭眺,我得与之相商,于邻近若干地内,有止其筑墙之权利,是曰观望地役权。如我之土地,因无灌溉之利,我得与邻地相商,有汲取邻水之权利,是曰用水地役权。如我之土地,无通行之路,得与邻地相商,于邻近若干地内,有通行之权利,是曰通行地役权。盖事关公众之安宁,故为法律所许。然法律又明定制限,以不紊他人之秩序为主,非可强而行之,必依契约而行之也。

地金银 即金银块,别于铸成货币之金银而言。

地番号 日本计地之名称,如中国之某街某坊某里。地番号,即言某区某町之第几番地也。

地上权 因建工作物(参看工作物注),植竹木于他人之地上,而有用他人土地之权利者,名曰地上权。地上权与土地赁借权不同。盖地上权,以所有之物,置于他人之地上为主,故为物权之一种。赁借权不问地上之物权,属于何人,惟以财赁地为主,故为债权之一种。

地下屋 即地室也。

地目变换 依土地性质,而区别名目,曰地目。如田园山林诸名目是。此名目之变换,名曰地目变换。如荒亩变为沃壤,崎岖变为平壤是(参看地租条例三)。

地方裁判所 所审理虽较大于区裁判所,而仍为轻小之事,是为第二审之裁判所。若非区裁判所权限所得审判,而为重大之事,又为初审之裁判所。各府县一所,凡四十九所。若地方裁判所所起之讼事,不服所判,得进诉至控诉院。再不服,可进诉至大审院。

地价据置年期 因不可测之灾害,耕地之区画或形状有变更,及地目有变换之际(参看地目变换注),耕者之费劳力,无异开垦者,得申报官署,于三十年以内,得照开垦地之地价而课地租。此三十年之期限,谓之地价据置年期。

壁纸 糊壁纸之名。

垂线 凡一直线与他一横线,成九十度之角度者(详上),曰垂线。

坐蒲团 坐垫之属。

埋藏物 埋藏于地中之无主动产,名曰埋藏物(参看动产注)。

坑内仕繰 仕繰,筹画建设之义。关于矿坑之敷设,曰坑内仕繰。

士部

婿养子 指为养子者,兼为其女婿而言。日本民法所定,得收养他人之子为子,并得以其女妻其养子,是曰婿养子。

台所流 厨中之水沟也。

夕 部

外业 本业以外之业，曰外业。

多化性 多化性者，指不止二化性者而言（参看一化性、二化性注）。

大 部

大赦 统一类之犯罪而全赦之，为特施之旷典者，名曰大赦（参看刑事诉讼法六）。

大字 日本地方制度，分市町村字四项。市最大，町次之，村又次之，字即村中之一小区域也。大字者，其小区域之稍大者也。

大工 木匠也。

大审院 日本最高级之裁判所，全国一所，设于东京。其职权，分通常、特别二种：通常者，为控诉院判断不服之讼事；特别者，为不经他裁判所裁判之讼事。如人民对皇室犯罪，国事犯及皇族犯罪是。故大审院者，为全国裁判结审之地，实总汇之机关也。

大膳职 宫内省中之官，掌宫中之膳宰。

天井 屋上承尘之板，曰天井。俗称天花板。

天秤 即中国之天平。

天然果实 凡物恃天然培植之力而收取者，曰天然果实。如植物、矿物类之收取是。

失踪 指不知其人之踪迹而言。法律上所谓失踪，其义甚狭，若仅不知其住所或居所及不明其生死。而法律上推定为确未死亡者，则称不在，不称失踪。不在者之生死不明，达于七年或三年后，裁判所从与不在者有利害相关之人之请，对于此不在者宣告其失踪。经此宣告后，法律上即与死亡之人同视。

契印 凡契约与证书，以数页成之。此页与彼页联接之处，钤以印章，使之各存其形之半，名曰契印（参看民法施行法六，不动产登记法施行细则三五、三九）。

契约 二人对于一事件，相契而结约，曰契约。

奥书 于各种文书之后，记明此文书来历之书后，名曰奥书。又证明其事实真确之文书，亦曰奥书。

奏任 官吏由总理大臣或各大臣之奏保，由总理大臣宣命而任用之者，曰奏任（参看奏任注）。

奏荐书 凡奏任之官，必由大臣奏保。因奏保而授职之公文，曰奏荐书。

奉币使 宫庙神社之应奉官币者，敕命奉币帛之官，曰奉币使。

太阳方位角 太阳位地方向之角度也。

女部

始期 指践行契约之期而言。如甲乙相约，甲于五年后付乙千金，则五年后即为践行契约之始期。然契约有定开始之期者，有不定开始之期者。定开始之期者，亦名曰始期附（参看民法条文一三五、一六六，不动产登记法二，商法四〇三）。

始期附权利 届期方能握其权利之谓也。如甲、乙相约，甲于五年后，付乙千金。则乙握此千金之权利，系附以五年之期限也，是曰始期附权利。

嫡母 庶子对于父之正室，称曰嫡母（参看亲权注）。

嫡出子 由正式结婚而生之子，曰嫡出子。对于庶子及私生子区别之名称也。

婚家 因婚姻而有之家，曰婚家。如嫁女之对于夫家，赘婿之对于妇家，皆谓之婚家（参看民法七三八，户籍法一〇二）。

妨诉抗辩 不问原告所主张之事实,真伪与否,苟其所诉,不适于法,被告得于本案对质以前而抗辩之,名曰妨诉抗辩。如两造先已订遣人调和而不涉讼之契约,原告忽违约,至裁判起诉,则被告得为妨诉之抗辩是(参看民事诉讼法二〇六)。

威斯忌 西酒名。

子 部

存续期间 权利存在继续之期限,曰存续期间。

宀 部

官印 指官署之印而言。如用某局某部等文字之印,皆曰官印。

官金 国库所有之金钱,曰官金。故皇室、公共团体、私人所有之金钱,皆非官金。

官报 分电报种类,为官报、局报、私报,属于官府事务所发之电,曰官报。属于电局事务所发之电,曰局报。属公众私事所发之电,曰私报。又政府发行报纸亦曰官报。此专就电信而言。

官厅用 属官府使用者,曰官厅用。

官行间伐 凡森林为官所采伐者,曰官行间伐。与官行伐木、官行伐竹不同,彼专指木或专指竹。若官行间伐,则赅括一切者。

家禄 永久赐禄于其家者,曰家禄。明治以前诸藩,皆有家禄。

家资分散 人民无力偿债,由裁判所干预,以所余之家产,分偿债主,名曰家资分散。此专指民事而言。若商事,则曰破产。

家督相续 法律上有所谓户主权者,一户必有一主,此主死亡或退避,又必有续得此权之人,名曰家督相续。即继承之意。家督相续,与遗产相续不同,不惟继承其财产,且继承其家事及祭祀。

定夫 服一定之劳役之人夫，曰定夫。

定量 矿物等物质，测定其所含成分重量之法，曰定量。或曰定量分析。

定款 建设商事会社之章程规则，名曰定款。

定役 罪人入狱，必服一定之劳役，名曰定役。

定性 矿物、植物、动物等物质，用各种方法及各种药品测定之，观其呈何现状，藉知其所含成分之法，曰定性。或曰定性分析。

定水面 即水平面也。

定系港 指定为系留军舰之海港，曰定系港。

定期贷 银行之贷借，预定期限，非届期限，不索款不付息者，曰定期贷。此系区别当座贷之用语（参看当座勘定贷注）。

定期金 支付金钱有一定时期者，曰定期金。如按年所纳之税，按月所算之息是也。

定期预 银行存款有随时支取、定期支取之别，如存款于银行，言明一年为限，未满一年，不能提款付息者，曰定期预。利息较当座预为重（参看当座预注）。

定期取引 两造交易之约已定，不即时履行，于三月内，依取引所所指定之期限而履行者，曰定期取引。为卖买取引之一种（参看直取引、延取引注）。

定期列车 按预定之时期开行火车，曰定期列车。与临时列车区别而言。

定期刊行物 每周或每月，定期而刊行者，泛称曰定期刊行物。如报纸杂志是。

定额缲越 当本年支出之定额中，有若干余款，拨归翌年之定额中，名曰定额缲越（参看会计规则第六章）。

定额戻入 戻入,返入也。因预付(参看前金渡注)概算(参看概算渡注)及款项转用(参看繰替拂注)而支出之金额,至预付概算之有余,转用款项之拨还,将其余资及拨还之款,仍返纳于经费之定额中,名曰定额戻入(参看会计规则六三至六五)。

定式株主总会 股份公司,具备法定之形式,开股东总会,名曰定式株主总会。

宛名 书函中称收信者之姓名,曰宛名。

宛所 信面上所书收信人之地址,名曰宛所。

寄付 寄放存付也。

寄附 凡建一公共事业,必求众人输助。其输助,谓之寄附。其输助之资,谓之寄附金。

寄附行为 输助财产于财团之行为,名曰寄附行为(参看财团注)。

寄洲 即河口,河水流出处也。

寄托替 金钱之托人汇送,曰寄托替。

寄托物预证券 受人寄托而为保管之物,曰寄托物。预备将来领取此物之凭票,曰寄托物预证券。如甲寄存物件于乙处,乙发一种凭票与甲,预为将来领取之证据是(参看商法三五八)。

实家 因婚姻或养子缘组,而继承于他家者,称本生父母之家,曰实家(参看养子缘组及婿养子注,民法七三九至七四一)

实费额 实际所费之金额也。

实际之语数 见有料语注。

实方之直系尊属 指养子之本生亲族而言。如养子之本生父母、祖父母、曾祖父母,皆称为实方之直系尊属(参看人事诉讼手续法二五)。

完济 债务偿尽,名曰完济。

宿料　旅舍之止宿费，曰宿料。

容器　贮物之器。

审廷　行政裁判所审判案件之地，曰审廷。

字　详见大字注。

宣告　裁判所宣布罪人当受之刑罚，名曰宣告（参看刑法六、一五、三二至三九）。

宣告书　刑事被告人定罪时，裁判所宣告其罪状之文书，曰宣告书。

富兴行　彩票之一种。文化年间，起自江户，民间盛行，明治元年严禁之，遂绝迹。

塞门土　塞门土，系黏土及石灰二物煅烧而成，粉碎之可供筑港制炉及敷设铁道或地面等之用。

密商　私相卖买也。

密输　私运也。

密卖　私卖也。

密理迈当　度名。一密理迈当，即一迈当之千分之一（参看迈当注）。

密理克兰姆　衡名。一克兰姆，约等于中国二分六厘四毫六丝六忽八微四织。一密理克兰姆，即一克兰姆千分之一。

安全瓣　汽机管中所装之舌也。使汽气往来不至过度，以保安全者也。

安摩尼亚盐类　安摩尼亚者，化合物名也。厕内所发生冲刺之臭气，或烧毛骨等时所发生之臭气，皆是安摩尼亚、盐类乃安摩尼亚与他物化合之物。例如安摩尼亚与硫酸化合，即成硫酸安摩尼亚。木类谷类萌芽时，用此作肥料，生长甚易。粪溺之可用为肥料者，即含有安摩尼亚盐类故也。

安摩尼亚性窒素　安摩尼亚，系三个水素（详上）与一个窒素（详上）化合而成。安摩尼亚性窒素，即窒素已变为安摩尼亚之性质者也。

案内仕拂命令 案内犹言引导。出纳官吏,若以仕拂命令(参看仕拂命令注),交于债主时,必先发通知书于金库。通知书之内容,与仕拂命令同。迨债主持仕拂命令至金库时,金库将通知书与仕拂命令核对,相符则照付,否则不付。此种仕拂命令,官吏与金库有引导之用,故曰案内仕拂命令(参看集合仕拂命令注,会计规则三六)。

寸部

寸面 寸、延长也。面、面积也。延长之面积,曰寸面。

寸法 犹言尺寸。凡记物之大几尺几寸者,曰寸法书。

对价 此对于彼当付之价,曰对价。

对质 有数人共犯一案者,当预审之际,令甲犯与乙犯及证人互相质问应答,以证明其是否同谋,名曰对质。与对审不同(参看预审注,刑事诉讼法九八、九九)。

对抗 以某事为理由与他人相抗,而不承认其主张,曰对抗。例如夫所许与其妻之事,夫又得取消之。惟对于他人未知其所取消之事者,不得以此对抗,为不承认其主张之理由也。

对审 裁判官召原被两造至公堂,使两造相对以行审理,谓之对审。

对手人 人与人交涉,其相对之人,曰对手人。

对景图 测量时所测之略图。亦曰见取图。

对角线 四边形或多角形,由其相对之角之两端,引一直线,曰对角线。例如一四等边平方形,由其中画交叉两斜线达于四角,则其斜线之两极端必相对,是为对角线。余如六角、八角形者,均可类推。

对席判决 经两造对质而裁判之案,名曰对席判决。与阙席判决区别之名称。然民事与刑事亦稍有区别。裁判民事,经两造之对审者,曰对席。裁判刑事,经检事被告,同赴法堂之公判者,曰对席

（参看阙席判决检事公判注，刑事诉讼法二〇七）。

耐压力　物体无不可压之使缩小者，其不易压缩之物质，系具有耐压力者。故曰耐压力。

耐延力　金属之可以延之成丝，展之成片者，以具有延力，故曰耐延力。如金银等物任意延展，使成极细之丝，极薄之片，即为有耐延力之金属也。

专务吏员　地方自治团体（如府县郡市町村）之吏员中，专从事特种之职务者，谓之专务吏员。

专业免许　免许，允准也，允其专营此业也。

寻　度名，约六尺左右。与中国所传八尺曰寻者不同。

寻问之电报　由发电人向电局询问之电报也。

封缄纸　包封信件之纸也。

小　部

小字　小区域中之尤小者也（参看大字注）。

小使　仆人。

小作　即租田耕作之佃户。

小作料　佃户纳于地主之租，曰小作料（参看小作注）。

小切手　银券之一种。如甲存款于银行，说明常欲支取者。银行即付以支取时所用之纸若干枚，以后甲如需用或汇款与人，得书明银数于纸上，并具名钤印，求其付给，此纸即名曰小切手（参看商法四四七、五二五、五三一）。

小航海　航行于各海岸而不渡海者，谓之小航海。对于大航海而言（参看商法施行法一二二）。

小为替　邮局汇款，不出五元以上者，名曰小为替。为汇兑法之一种。

小卖商人 小本零卖之商人，曰小卖商人。与小商人不同。

小卖营业 小贩为业者。

省令 各省大臣，本其职权而发号施令，曰省令。

尸部

屏禁 狱中囚人之犯监狱法则者，则屏禁之暗室，名曰屏禁。

居所 暂时寓居之地，与住所不同。

居宅拂 邮局汇款，汇到后须本人赴局支取。如本人不能赴局支取，求其送往居宅者，曰居宅拂。

居职人 居于己宅，受他人之属，以司手技之职务者，曰居职人。如裁缝铺之缝人，整容铺之整容人是。与制造人不同。凡工作之人，皆曰制造人。

居所地法 与住所地法同义。当不明其住所之时，法律上得以其暂时寓居之所，视为住所。其暂时寓居之地所行之法律，名曰居所地法。

届书 报告官府之书牍，名曰届书。

届出 报告其事于官府之谓。

届出义务者 法律之定例，凡为与法律有关系之事件，必申告诸官吏。负此申告之义务者，名曰届出义务者（参看届出注，户籍法四六）。

局报 见官报注。

局渡 受信人不欲外来之邮信送往其住宅，向邮局申明，此后不须送往，亲自来取，名曰局渡。

局渡料 向电局请局渡之费（参看局渡证票注）。

局渡证票 收受电报人，欲就电局领取，则先请电局取一证票，随时至局，凭证票取电报，以防他人假冒，此证票名曰局渡证票。

局待电报 发电报者，在电报局立候回音，将此立候回音之旨，记入电报内，使受电报者，一见便知。此电报名曰局待电报（参看电报规则九）

履物 即履类也。

尼喀尔银 合金名。

属具目录 凡属船舶上所附属之一切器具，一一登录之目录，是曰属具目录。为船舶中书类之一种（参看商法五六二）。

屋敷番号 门牌之号数。

山 部

山番给 山林之守吏，曰山番。山林守吏之俸给，曰山番给。

巛 部

川股 河之分流也。

川敷 备河水流通之地，曰川敷。

川成 田亩之滨川者，适为川水所淹，致变成荒地者，曰川成。

工 部

工作物 指由工作所成之物而言。如房屋、池沼、桥梁，皆曰工作物。

工事现场 现场，现在之地也，现行工作之地。

工事委托者 以工作之事委托者。

工事仕样书 即工程之承揽书也（参看仕样书注）。

已 部

已决监 所以处已决之囚人者，曰已决监。

巾 部

布达 各省、各府县厅之告示，欲遍传国民者，曰布达。

布利达惹麦达 合金名。

常务 犹言常川，常服事务之人也。

常用支出额 指经常费支出之额数而言。所以区别临时支出之用语。

干 部

干鳎 干鱼名。

年金 得勋章者，依勋章等级之高下，每年与以俸禄。此俸禄，名曰年金（参看勋章年金支给细则）。

年赋金 劝业银行之贷款与人，定每年分偿之方法。此每年分偿之金额，曰年赋金。

年赋偿还方法 以土地作担保，向劝业银行借款。银行定一年限，令债主每年分偿。则每年分偿若干之方法，曰年赋偿还方法。

年赋偿还贷付金 劝业银行，依年赋偿还之方法，而贷与之款，曰年赋偿还贷付金（参看年赋偿还方法注）。

年额金 一年积算之金额，曰年额。如每月收入或支出五十元，则年额为六百元。

平积 平面之积也。例如有地一方，长六丈，宽五丈，即此地之平积，为三十平方丈。

平均步合 步合，率也。平均步合，平均分率之谓。

平均高表 高犹言额，以收入支出之平均额，列为一表，曰平均高表。

平水航路 不问汽船、帆船，航行于江湖河川以内之平水者，名平水航路。船舶检查法所定四种航路之一（参看船舶检查法，及其施行细则）。

平均发行高 高犹言额，指平均发行之额，曰平均发行高。

平年收益额 收益，收取利益之谓。平均每年收益之额数，曰平均收益额。

广 部

床 日本房屋，离地二三尺处铺地板，再铺席于其上，以为起坐。此地板名曰床。又一室之中，必有挂画幅置花瓶之所，亦名曰床，或曰床间。

庶子 非正式结婚，男女相悦而私生者，曰私生子。此私生子，苟经其父承认，又经法律认许，即成为家族。名曰庶子。

库船 趸船也。

席料 旅店之房价，曰席料。公众集会时，所收座费，亦曰席料。

废家 户主废弃其家，以继承于他家者，名曰废家。但废家一事，法律上视之颇郑重，不得轻易废弃，故以法律所许者为限。

废绝家再兴 废绝家，并废家、绝家而言。已为废家、绝家之后，忽有归宗之人，再兴其家，名曰废绝家再兴（参看废家及绝家注）。

庖丁 即厨刀。

摩尔 即金线也，官吏礼服用之。

摩耶西 人造麦豆类之芽。

摩尔达尔 摩尔达尔，乃石炭与砂，加水炼合而成之泥质，干燥时即凝结，且坚硬。用以连合砖石等最佳。建屋架桥砌沟之必需品也。

廴部

建物　指建筑之物而言。

廷丁　其身分为雇员，而非官吏，供裁判所之差遣者，曰廷丁。略似中国之差役。

延取引　两造交易之约已定，不即时履行，得于百五十日内，再定履行之日期者，曰延取引。为卖买取引之一种（参看直取引注）。

弋部

式部职　日本宫内省中之官，司仪式。

弓部

引继　执其事物而继承之，曰引继。即接办也。

引扬　犹言捞起。又有引去之意。

引直　复原之谓。又换算也。

引去　引而去之也，犹言除去。

引札　仿单也，招贴也。

引渡　交付之谓。

引込　引而入于内也。架设电信电话线时，挽其线而入于家中也。但引込之义不一，此则专就电信规则中而言。

引手　日本门户无环，于门上凿一微凹形，以便开闭时着手之处，曰引手。

引续　继续也。

引受　即担认之意。如收得为替手形之人，无论何时，持以示发出手形之人，问其确否。发出者承认为确，即负付银之责任，是为引受

(参看为替手形注,商法一二三、一三一、四六五至四七四,民事诉讼法六二)。

引致状 被审人无故不到案时,命引致之。此命令文书,曰引致状。

引火点 凡物有易燃不易燃之别。易燃者,其引火点低。不易燃者,其引火点高。例如石油(即洋油)引以火即燃,薪炭等不然,即其引火点不同也。故其物质至何温度而始燃烧,即为某物质之引火点。

引受人 引受,担认之谓。如具券之负主,应募之股东,届期负支付之责者,名曰引受人(参看商法四七一)。

引受拒绝证书 持银券者不问支取之期已届未届,即出示此银券于出券之人,以验明真确与否。此时出券者苟拒而不认,持券者即请公证人作一证书,以证明出券者之不任其责,须求法律处置者,名曰引受拒绝证书(参看公证人注,商法四六七)。

强制竞卖 以法律之力,强制其拍卖财产,名曰强制竞卖。

强制执行 官吏于民事诉讼上,藉法律之力,行强迫之命令,以恢复被害者之权利,名曰强制执行。

张札 揭帖。

彳 部

得点 凡选举议员,用投票之法,计算每人得若干票,即曰得若干点。

役场 衙署也,与役所同。

役员 职事人员。

役所 衙署也。

役印 凡官吏公吏,因职务而使用之印,名曰役印。

从物 附属于他物内之物品,曰从物。

从参加 对于原被告已起而未结之诉讼,因与己有利害关系之故,遂参入此诉讼中，以补助当事者（即原被告）之一方者，名曰从参加。如会社之代表人，与人涉讼，凡会社中社员，因利害相关，皆可为从参加人（参看民事诉讼法五三至五八）。

衒卖 以伪货卖人也。

冲立 屏风之属。

复权 凡人本各有应享之权，若犯法律之不韪，而剥去其本有之权，一旦得免罪，而复归其固有之权，曰复权。

复席 退而复至之谓。

复籍 离籍者复归原籍之谓（参看离籍注，民法七三四、九三四，户籍法九五）。

复权之愿 愿，请求也。免罪之人，请求复归其固有之权，名曰复权之愿（参看复权注，刑事诉讼法三二四）。

复代理人 指代理人转相委任之事而言。如甲为乙之代理人，不自代理其事，使丙代之，则丙为复代理人。

复旧工事 再复于旧状之工作也。

征发令 因军事，征收军需之物件于人民而使用之，曰征发。其法令曰征发令（详细参看第二十类，第二章第一款）。

征收金 依国家之命令，或自治团体之命令，征收于私人之一切金钱，曰征收金（参看市制八八、一〇二，町村制同）。

征税令书 府县知事，因征收府县税，对于征税之各地方官（即市长町村长）及纳税之人民，颁发命令，名曰征税令书。

征税传令书 市长町村长，接府县知事之征税令书后，据之而传命令，谓之征税传令书。

德利 酒瓶曰德利。

后判 罪人不服判事之判决，得再行上诉。上诉后之判决，名曰后判。此时对于不服之判决，名曰前判（参看刑法五一）。

后见 凡未成年及禁治产者，必准法律所定，选亲族中人代其经理，是曰后见。代任其经理之责者，曰后见人。准法律所定，得为后见人者有三种：曰指定后见人，曰法定后见人，曰选定后见人。指定者，因父母之遗言而指定。法定者，法律上一定不易者也。如妻禁治产，则夫为后见人。夫禁治产，则妻为后见人。选定者，如既无指定，又不能法定，而由亲族开会选定。

后见人 见后见注。

后见监督人 指监督后见人之人而言。其职务有四：详定于民法九百十五条中（参看后见注）。

御歌所 掌理御制诗歌之所，名曰御歌所（详细参看御歌所官制）。

御歌所寄人 御歌所中司编纂之职者，曰御歌所寄人（参看御歌所注）。

御歌所参候 御歌所中司御歌会之仪式典例者，曰御歌所参候（参看御歌所注）。

微粒子 蚕之病名也。蚕罹此病时，食量减，而举动不活泼，体生黑色斑点。凡发育不完全，眠起不均一，不眠蚕，迟蚕，毙蚕，皆因罹此病故。有微粒子之蚕，所产之种，虽孵化亦不生活，且易传染。饲蚕时务当注意。

往复叶书 即双明信片。

卫戍监狱 为戍守军人犯罪而设之监狱，曰卫戍监狱。

心 部

心得 犹言须知。

心证 判事依各种之证据，而考核其事之真伪，考核后本一己之心得而断定之，名曰心证（参看民法一〇七六）。

意匠　运其匠心，而制造新样之物品，名曰意匠。

意思表示　以心中之意思，发见于外，致生法律之关系者，曰意思表示。

恩给　服官勤谨者，经过规定之年数，退职后仍给以一定之禄，名曰恩给。

恩给基金　国家欲奖励官吏之忠勤，凡在官年久克尽其职者，虽退官后亦终身给以俸禄，名曰恩给。储为恩给用之元本，名曰恩给基金。

思料　想像测度之义。

忌避　由涉讼者之申请，使判事（书记亦同）不得参与讼案，名曰忌避。忌避之原因有二：一本于除斥原因之忌避，如判事有被除斥之原因，而复行其职务，由涉讼者将其原因指明，申请忌避是也；二本于偏颇嫌疑之忌避，如判事与两造之一方，素相友善，值诉讼期间，尚有交接事件，涉讼者可据此以为偏颇之嫌疑，申请忌避是也（参看除斥注，民事诉讼法三三至四一，刑事诉讼法四一至四五）。

惩戒取调　取调，调查也。调查官吏之不守官箴者而惩戒之，名曰惩戒取调。

懈怠　涉讼者于法律所定之期限内，不为所当为之事，名曰懈怠（参看民事诉讼法一七三、一七六）。

性分　即物质之性质与成分（参看成分注）。

戈　部

成年　达于长成之年龄，在法律上有应用私权之能力者，曰成年。日本定二十岁为成年。

成规　犹言成例。已成之规定也。

成分　凡物质大都由二种或数种之他物质相合而成，物质内所含有之他物质，名曰成分。例如米内实含有水及淀粉等物质，故水及淀粉等，即为米之成分。

戴头　电话机上之受话机。

户　部

戻入　见定额戻入注。

户主　一户之主，具监督家事之资格者，名曰户主。

户别割　税金系分划户数，而平均征收者，名曰户别割。

户数割　即户别割，见户别割注。

户籍吏　管理户籍及身分登记之官吏，曰户籍吏。按户籍吏之职，区长及市町村长任之。

所在地　指人与物现所存在之地而言。

所持品　凡物品得以一己之力，握持而左右之者，曰所持品。所持与所有不同。如甲以物品质诸乙，是乙为所持者，甲为所有者。

所持人　见所持品注。

所有权　凡大小财产，必有所属之人。此人对于此财产，自有一种专权，名曰所有权。

所得税　所得税者，就人民一人每岁之收得额，而酌定税数也。依现行之法，乃以户主及同居家族之所得合算。故所得以一家之所得为总额，而非以户主一人所得为定也。是为直接国税之一种。

所在地法　指人与物现所存在之地之法律而言。如人与物现在日本，则日本法律，即称为所在地法。

手　部

手入　修理也。

手入料　修理之费也。

手帖　手折也，小册也。

手代　关于商业上一种使用之人，因主人之委托，而办理一定之事务，或指定种类，而代主人为之，名曰手代。与番头不同（参看番头注，商法三三三）。

手当　资给之意。如官员固有应得之俸，但遇别有奉公事件，则俸外当别有所给，名曰手当。此手当金既入本人之手，不复稽其为何用，故不必报告。

手烛　即中国手照烛台之属。

手附　凡结买卖契约时，买主所付之赙金，名曰手附，即定银。

手续　办理之规则，办理之次序，均谓之手续。

手形　犹言银券。银行用以便收付者也。与法律上认为法货之纸币不同。

手署　亲笔签名也。

手附金　定银也。

手当金　政府使用人民之土地或物件，给以报酬，以免其亏累。例如建电杆于民有地。给以手当金是也。与官吏所受之手当不同。

手数料　凡经理费，曰手数料。如政府治事，虽各有经费，然民间求事无穷，定费安能充给，于是政府各按所事之大小，定为应缴之费，亦名曰手数料。

手荷物　旅人所荷之行李，名曰手荷物。

手元金　手头钱，零用钱，准备金也。

手当金额 见手当注。

手形割引 持银券者，于银券未届支付之期，欲得现金，遂持诣银行。银行除去其至满期为止之利子，而付以现金，谓之手形割引。俗称贴现(参看手形注，日本银行条例一一)。

手数料纳付书 纳付手数料之收单也(参看手数料注)。

抗辩 对于原告所主张之事实，抗拒而辩明之，名曰抗辩。

抗告 反抗裁判所之判决及命令而起诉讼，为法律所特许者，名曰抗告。

提供 提出而供给之谓。如负主届偿债之期，请债主领取，谓之辨济之提供(参看辨济注)。

提出 提出一条或一事之关于法律者，以待议会之修正或议定，即名提出。此提出权，政府得行之；议员中之一种人，亦得行之。

挂员 担任办理之员，曰挂员。

挂官 担任办理之官，曰挂官。

挂长 担任办理之职员长，曰挂长。

挂物 凡可悬挂之物，皆曰挂物。如书画是也。

挂具 凡可以悬挂之器具，皆称挂具。

振出 见振出人注(参看商法四四七、五二五、五三一)。

振宛 所振出之处之谓(参看振出注)。

振出人 指具券之人而言。如甲存款于银行，银行付以银券用纸若干枚，以后甲如需用，或汇款与人，得书明银数于银券用纸上，并具名钤印，求其支付。此书银券之甲名，曰振出人(参看商法四四七、五二五、五三一)。

振换拂 本当振发此款，后以他款替换而付之，曰振换拂。

振子室 形如钟锤，以其震动，察地之纬度与地中磁极之器械，名曰振子。置振子之室，曰振子室。

振出委托人 具银券者，不自付银，而委托他人代付者，则具券之人，名曰振出委托人。例如甲欲付乙千元，甲在英国，乙在日本，甲遂委托在日本之丙代付，遂振发为替手形于乙，书明委托丙代付。斯时甲谓之振出委托人（参看为替手形注）。

拂戾 即付还之意。如有人收纳他人之金钱或物件，至后由他人发见此收纳之不当，或其始即不当收纳者，至是交还全部或一部于支出者，皆曰拂戾。故有保证金拂戾者，即不必保证，或保证之事已终，付还金钱于支出者是也。又有预金拂戾者，即预存之金付还之是也。又有余分拂戾者，即所余之部分付还之是也（参看商法七一、四三三）。

拂込 即付入之意。如股东纳付股本，曰拂込。银行资本家，付其资本，入于银行，即谓之拂込资本。

拂渡 支付也。

拂渡局 支银局。

拂込免除 应付入之金钱，因故减免，谓之拂込免除（参看保险业法施行规则八）。

扶养 凡亲族有因贫而不能教养者，必当扶助而教养之，名曰扶养。

扶助料 恤款之谓（参看破产法一〇〇七）。

扶养义务者 凡亲族有因贫而不能教养者，必当扶助而教养之。负扶助教养之责者，曰扶养义务者。惟游惰失业之人，法律上不能享扶养之权利。

投票录 当选举议员之际，投票管理人记载投票时一切颠末，送诸开票所，以便开票者检查之书册，名曰投票录。

投票函 选举议员之际，投票所设备一函，以便投票人之投递者，名曰投票函。

投架桥 设木架以为桥梁，可以随意牵曳起落者，曰投架桥。

投票立会人 当选举议员之际，各选举人，均集投票所投票。此时，与投票管理人同司临场监察之职者，名曰投票立会人。此人由郡长或市长，在选举人中选任之。

控除 扣除之谓（参看民法五八二、六九一、一〇〇七，商法一九五）。

控所 凡公众之地，如学堂工场，必备一室，以供学生工人守候休息之所，名曰控所。

控诉 不服区裁判之初审及地方裁判所之初审而上控者，名曰控诉。与上告不同。

控诉院 裁判地方裁判所判断不服之事。日本现制，全国设立七所。其职权，在纠正地方裁判所之裁判，为裁判重大事件之第二审裁判所。若再不服，得进诉至大审院。

据置 存置之意。

据附 装置也。

据置年限 据有他人之财产或权利而留置之，以留置若干年为度，名曰据置年限。

指物 手工制小木器。凡有榫斗成之物，皆曰指物。

指图式 见指图债权注。

指名推选 指定被选人之姓名而推举之，曰指名推选。

指名债权 证券上书明债主之姓氏，所谓凭人不凭券者，曰指名债权。

指图债权 证券上书明债主所指定人之姓氏，令负主支付者，名曰指图债权。如见票祈付某某银若干，则某某之握此债权，谓之指图债权。

指定事项 发电信者，将其所希望之事项书明信纸中，以便电局照办者，曰指定事项。例如发电信者要发急电，于信纸面用别定符字书明紧急之意，此类谓之指定事项。指定事项种类凡二十二，书此指定事项之符字曰略符号。

指定家督相续人 由家主之意思，指定为家督相续之人，曰指定家督相续人。惟无法定相续人时（即无直系卑属），始得由家主指定之（参看家督相续及法定家督相续人注，民法九七九至九八二）。

持地 所有地也。

持分 指握持权利之部分而言。如甲乙二人，共有田五十亩，则二人各有二十五亩之持分。

持越高 持越，残余也。高，额也。残余之额若干，名曰持越高。

持参人 持券（此所谓券者包含银券、契券、信牍等类）而往见之人，曰持参人。即带往者也。

押丁 监狱中之职员。司指挥罪囚服役之职。

押堀 地之倾陷也。例如地亩旱潦之后，往往有陷塌者，谓之押堀。

押留 抑留也，羁押也。

押绘 剪裁采绢，为人物花鸟等物，贴之板上者，曰押绘。略似中国堆绢。

押印 盖印也，盖章也，加图记也。

抵当权 负主指不动产以作抵当，保他日有先各债主而偿还之权利，曰抵当权。抵当权与质权不同。质权必占有负主之物，抵当权不得占有也；质权以物（包含动产、不动产及无形之权利），抵当权则限以不动产也；质权之利息，即以质物之出息作抵，抵当权之利息，自负主另付，不动产之出息，非债主所得预闻也。

抵代税 运货物进口者，先纳其运货税于海关，以免在别处再纳通过税，曰抵代税。

抵当权设定证书 债务者以自己之不动产，作借债之担保时，其不动产不必移交，惟作一证书以为凭。此证书，名曰抵当权设定证书（参看抵当权及不动产法）。

换价 售其物品或权利，以换得金钱，名曰换价（参看破产法一〇〇五）。

拔书 择其要者，抄录而保存之，名曰拔书。

抹消 涂抹而消灭之谓（参看商法二四、三五五，户籍登记法二四）。

扫立 蚕子孵化后，由蚕纸上移置蚕筐内，曰扫立，又曰扫下，或曰收蚕法。其法各国虽不同，大都用毛羽制成之帚，轻轻拂拭，以不损蚕身为合法。

拐引 以伪计诱人引人至他所者，曰拐引。例如议院当开议时，因党派之不同，欲试反对。又恐彼党占得多数，决议时反蒙不利，乃以伪计引诱彼党，使之请假出座，减其人数，我党或得终胜。此为拐引（参看选举法八八）。

损料 凡借用衣服器物等，其租价，名曰损料。

拇印 拇指代印之谓。因指纹各人不同，得为一种之证据力。然其法究未完备，故以匆促未持印者为限。

拘留 凡违犯警察法及刑事上之轻罪者，拘诸拘留所中，不必服一定之劳役者，名曰拘留。拘留之期限甚短，与监禁不同。

拘束 犹言检束，使不得自由游历也。

挽物 以脚踏机，用刀锉成木器等物，名曰挽物。

挽粉 即面粉。凡磨成之粉，皆曰挽粉。

打纽 以丝或绵纽成之带，曰打纽。

打物 凡锻金属而成之物皆是。

折目 折痕也。

捐资 捐钱也。

扬卸场 上下船运货物之处。

推进器 即车叶,装设于船尾,以推进船之机器也。其形似扇车,旋转而激水,藉以推进船者。

推进力 推船舶使进行之力也。

承役地 指行地役权者借得之土地而言。如甲地无水,向乙地有汲水之权,则乙地名曰承役地,甲地名曰要役地(参看要役地及地役权注)。

撰矿高 即所选入之矿总数若干也。按,选与撰混用。

拟革纸 用坚厚之纸,摹造皮革者,曰拟革纸。

拖末斯磷肥 肥料名。此物系粗铁精制时所生之副产物也,研成细末,与粪溺等混和之,其奏效甚速,但不适用于新垦地,最适于温润土壤。

授业手 于狱中教授囚人作业之人,曰授业手。

拓殖务大臣 先时日本关于拓殖之政务,专设一省,名曰拓殖务省。其主任之大臣,曰拓殖务大臣。今已废。

拒绝证书 凡凭票支付之凭单,有时因事故(以法律所许者为限),不能应其支付者,得请公证人或执达吏,作一拒绝支付之证券,名曰拒绝证书。

批准为取换 批准交换也。

支 部

支办 支付之谓。略与支拂同义。

支店 俗称分店,对于本店之称(参看商法一〇、一三、二九)。

支拂 支付也。还款亦曰支拂。

支障 障碍之谓。

支柱 以木支撑房屋垣墙等,以防坍倒者,曰支柱。

支配人 凡商人非必自当业务之冲,得雇代理人,以经理其事。此代理人,名曰支配人,与取缔役不同。取缔役为株主公选之人,支配人为商人雇佣之人也(参看商法二九、三二)。

支拂命令 自裁判所发命令,使负主支付财物,名曰支拂命令。乃裁判所因保护债权而施之督促方法也(参看民事诉讼法三八二至三九五)。

支水隔壁 船舶内设壁,以预防水入。如因冲撞等,船体受伤,一部虽不免受水,其全部则赖有隔壁支住,不使水入,此壁曰支水隔壁。即船底隔堵也。

支拂拒绝证书 银券届期满之日,向出券者支取。出券者拒而不付,持券者即请公证人作一证书,以证明其未曾领到,须求法律之处置者,名曰支拂拒绝证书(参看公证人注,商法四八五)。

攴部

敷物 凡敷于地之物,曰敷物。如毡席是也。

敷石 叠石以为砌,名曰敷石。

敷金 押租也。

敷地手当金 敷地,犹言地基。因用其地基,给与之酬费,曰敷地手当金(参看手当金注)。

收益 收财与物所产之利益,名曰收益。如房屋所收之租金,田地所收之五谷是(参看民法二〇六,民事诉讼法七〇七)。

收纳金 在官府征入者,曰收纳金。

收用补偿金 国家收民间财产，以为公用者，则必有以补偿之。此补偿费，曰收用补偿金（参看土地收用法注）。

效力 使生效验结果之力也。如因遗言而付与财产，此遗言即有使生效果之力。

整调 整齐之节调也。

整理公债证书 日本国债证券之一种。

放免历部 历部，记载历日之帐簿，以囚人免放之期日。记诸历部，曰放免历部。

放电之避雷器 可以放散电气之避雷器也。所以防御雷鸣时轰坏电报机器之危险者。

故障申立人 因有意外之事故及障害，致逾法定之期限，而受阙席判决之处分者，得将有事故及障害之原因，申告裁判所，请其取消此阙席判决。此申告之人，名曰故障申立人（参看阙席判决注，刑事诉讼法二三三）。

故障之抛弃 因受意外之障害，致逾法定之期限，而受阙席判决之处分者，得呈请裁判所，取消此阙席判决。然受阙席判决者，于此时愿放弃其呈请之权利，名曰故障之抛弃（参看阙席判决注，民事诉讼法二六四）。

教唆者 嗾使他人为恶事之人，名曰教唆者。

改印届书 用一定之图章为凭记者，如改更其图章，特行告示之文书也。

文 部

文镇 镇纸之具。

文台 以铁或木为架，阅书时用之，略如中国之帖架。所以便观览也。

斗　部

斗概　盛谷类于斗之后，用短棍于斗面画平之，其短棍曰斗概。

斤　部

新权原　指新生之权原而言。如先则赁借之，而占其物，后则购买之，而有其物。则赁借之原因，以购买之原因，而有所变更。此购买之原因，谓之新权原。

新闻电报　甲报馆与乙报馆用电报通告登载于报纸之事项，曰新闻电报。新闻即报章也。新闻电报，视通常电报价廉，盖所以便公益也。

方　部

方　犹言所处。

方案　依乎方法所得之策画，曰方案。犹言方策。

族称　皇族、华族、士族、平民之称，名曰族称（参看户籍法二四）。

旅券　护照也。

日　部

日附　各种证券上，附记之年月日，名曰日附。

日覆　遮蔽日光之用具。

日当　每日之手当，曰日当（参看手当注）。

日割　分割其数，以每日计算者，名曰日割。

日割金额　日割之金额也（参看日割注）。

时间 分每一昼夜为二十四时，每时六十分，历此六十分，曰一时间。泛言若干时曰时间。

时效 权利之得失，因时而生效验者，曰时效。如质人之不动产，届期不赎，经过十年后，质主即有取为己有之权利，是曰取得时效。如借人以金，届期不索，经过十年后，债主即无索债之权利，是曰消灭时效。

时效中断 指时效之中途绝断而言。今有甲贷款与乙，届期甲不索债，乙不偿债，已逾九年，若再经一年，甲无索债之权利，谓之时效完成。乃甲于九年后，复索偿旧债，时乙仍负偿还之义务，所经过之九年，法律上归于无效，是曰时效中断（参看时效及时效完成注）。

时效完成 指时效之完全成就而言。今有甲贷款与乙，届期甲不索债，乙不偿债，已逾十年。则十年之时期，法律上认为有效，甲即无索偿之权利，是曰时效完成（参看时效及时效中断注）。

明渡 明、空也，开也。渡、交付也。如人空其房屋，交与他人，或交还房主，曰明渡。

昆布 即海带。

昆克利脱 昆克利脱，系塞门土及小石石炭等合成之物，加水即凝结，异常坚固，用以筑堤岸，填地基，较石尤坚。工场上安置重大机器时，地基必用此物。西洋建筑巨室，亦必用之填地。盖石遇水冲激，经久不免攲斜。而昆克利脱，遇水益坚，永无攲斜低陷之虞也。

普通保险约款 设立保险公司时，必当订立之约款，名曰普通保险约款。此中记载事项凡七，皆规定公司办理事业之大纲（参看保险业法七）。

普通辞 国中通行之言辞，曰普通辞。

曰 部

书换 文牍、证券等之改订，曰书换。

书损 书讹也(参看民事诉讼法二四一)。

书取 记录之谓。

书入 添注也，补写也。

书类 凡文书，泛称曰书类。

书改 改写也，涂改也。

书留簿 凡记录紧要事件，以备日后查考之簿书，曰书留簿。

书留邮便物 邮局保险之书函或物件，均名曰书留邮便物。即挂号邮件也。

最惠国 国际法用语。于缔结通商航海条约之诸国中，特缔结许与最有利益之条约之国，曰最惠国。

最寄 附近也。

最寄协议 最寄，附近也。与附近诸人协商之谓。

最寄管海官厅 最寄，附近也。掌管海上事务之官厅，曰管海官厅。

更改 更易旧债务，而生新债务，名曰更改。更改之原因有三：或因债主之更替；或因负主之更替；或因债务内容之变更是也。

更新 因继续旧契约，而更换新契约，名曰更新。

会头 商业会议所之会长，曰会头。由会议所议员中选出，受农商务大臣之批准而任之，统辖商业会议所一切事务。又兼任会议之议长(参看商业会议所法二八)。

曹达水 饮料名。

月部

月割　按月割算，曰月割。如年纳百二十元租税，乃每月分纳十元是。

月割额　月割之金额也（参看月割注）。

服纱　包物以巾，是谓服纱。即包袱也。

期间　裁判所指定自开始至告终之期间，诉讼者于此期间无论何时得随意行其当为之事，名曰期间。法律上之用语。与期日不同（参看期日注，民事诉讼法一五九至一七二）。

期日　裁判所得指定某日及时刻，集两造于一定地方。则此日与时，名曰期日。法律上之用语。与期间不同（参看期间注，民事诉讼法一五九至一七二）。

誊本　由正本誊录而出，可代正本之用者，名曰誊本。正本惟一通，誊本得制数通。其使用之方法，因类而异（参看民法三八三、商法三〇九）。

胜手　随意也。

有益费　指有益于物之费用而言，与必要费不同。如增筑房屋之费，因谋利益而用者，名曰有益费。如因房屋破坏而修缮之费，因不得已而用者，名曰必要费。

有体物　指有形之物而言。据法理上之解释，凡具有形体，得供人类之利用者，皆谓之有体物。

有偿行为　指行为之受报酬者而言。如买卖之行为，买主给价，卖主付物，彼此皆有报酬，即为有偿行为。

有体动产　指有形体之动产而言（参看民事诉讼法五六六）。

有给吏员　地方自治团体（如府县郡市町村）之吏员，有给以俸禄者，谓之有给吏员。

有料语数　日本电报,以十五字为一语,如逾十五字,作为二语。按语数征费,是谓有料语。如收电人姓名住址,载在电报纸,不视为有料语,是谓实际之语。

有偿契约　指两造各有所偿之契约而言。如卖买、交换、贷借、请负、雇佣等契约是。若赠与及使用贷借等之契约,赠主与借主,均无所取偿,故谓之无偿契约(参看使用贷借等注)。

有机质成分　古昔以构成动植物物体之物质,曰有机质,或曰有机物。近时科学发明,知有机物不限于生活物体之内,凡含有炭素之物质者,皆曰有机物。然有机物之成分中,不仅含有炭素,含他物质与炭素等。故他物质,即为有机质之成分(参看成分注)。

木部

木户钱　凡戏园等供公众游览之所,其进口、出口,名曰木户。游人之游览费,曰木户钱。

棚　犹言架。如书架,即称书棚。

架替　指桥梁之重事架设而言。

未成年　未达于长成之年龄,法律上无应用私权之能力,须他人代为管理者,曰未成年(参看成年注)。

未遂犯　行犯罪之事,因遇意外之障碍及舛错,而未遂其事者,曰未遂犯(参看刑法一一三)。

未决监　所以处未决之囚人者,曰未决监。

本令　就一命令而指称之,所以示区别于他令者,曰本令。如本法、本规则、本章程,皆用此例。

本家　父子分居,子称父之家曰本家。即本宗也。

本诉 被告对于原告，提起反诉之时。则原告之诉，名曰本诉（参看反诉注，民事诉讼法四、二〇〇）。

本权 本有之权利，曰本权。如甲以物质诸乙，则乙仅握占有权，而所有权仍属诸甲，斯时甲之权利，谓之本权（参看占有权及所有权注）。

本免状 对于假免状而言。凡营业者，请官府允准执照为据。如官府不能即发执照，先发假文凭，日后再行交换真文凭，此假文凭曰假免状。本免状即真文凭也。

本籍人 与非本籍人区别之称。如甲户籍吏之管辖地内，定为本籍而居之，即名曰本籍人。有时若寄居于乙户籍吏之管辖地内，即名曰非本籍人（参看户籍法一九）。

本权之诉 所有者对于侵害其本权（即所有权）之人，而起诉讼，名曰本权之诉（参看所有权及占有注，民法一八九、二〇二，民事诉讼法二二）。

枡量 枡，即斗也。枡量，即斗量也。容量名。

框制 将丝络于络丝车之谓。

极印 通用之金银度量等，钤印以证其真正者，名曰极印。

棉实 木棉之实也。

材积 堆积材木曰材积。例如薪柴等，欲算其多少甚难，堆积成立方形，则计算较易也。

札米 定价米曰札米。

札钱 纸币也。

棒锁 日本旧时之刑名。今废。

杯台 盛杯之台，曰杯台。

权利 人人当循之理，曰权。有权即有利，故曰权利。人人既享此权利，即人人有当尽之义务。

权理　今作权利。意同。

权原　获得权利之原因，曰权原。如占人质物，以其有质权之原因。受人利息，以其有债权之原因是。

权利质　借债以权利（指股票、债券、版权等类而言）为质者，曰权利质。质权之一种也（参看质权注）。

松明　束松枝之多脂者为火炬，名曰松明。

标杭　所测定之处，立一标准木柱，曰标杭。

标章　用各种符号作标识，而章明之，是曰标章。

标印　图章之一种，可以为标识者。

标准木　采伐森林，必取一树以为标准，必他树之粗细长短，与此树相等者，始可采伐。所以便捆载，且易丈量也。

标准地　即以此地之面积为标准之意也。例如种树时，或伐木时，必先以一地为标准。标准地之面积，栽树者约三百八十余弓，种竹者约三十八弓，余则种植之疏密，及采伐之时期，均以此为标准。故曰标准地。

杆秤　即有杆之秤。

梯尺　测量时所用之器具，缩尺之一种。

梯子道　即设梯子之道。如矿内深处，每在地层之下，恐上层地面下压，则用坚牢之板或柱支其四周，中设梯子以便上下往来，曰梯子道。

椎茸　椎树所生之蕈也。即中国所谓香菌，可供食品。

根挂　日本妇人结髻，用以束发于根者。或制以纸绢，或制以金玉。装饰品也。

业体　指营业之本体而言。

业种 指营业之种类而言(参看商业会议所施行法七)。

业务用书类 业务所用之书类也(参看书类注)。

相杀 相除之意。如甲负乙千元,乙负甲五百元,两者俱达于归偿之期。此五百元得互省支付,而除去之,是曰相杀。

相违 差误也。

相续 犹言继承。

相续人 继承其家而为家主之人(详细参看相续法,家督相续注)。

相续法 关继承之法律,曰相续法。此法律之内容,又别为二种:有关家事者;有关遗产者。关家事者,曰家督相续;关遗产者,曰遗产相续。

相续财团 有人死亡,而无承继之人,则以死者之财产为财团,设管理人以掌其事,名曰相续财团(参看财团注)。

相手方 两造之互称。如卖买,则卖主与买主,互称为相手方。如诉讼,则原告与被告,互称为相手方。

相互保险会社 依社员之契约,互相保其生命财产之险,而设立会社,名曰相互保险会社。如聚集富有财产者数十人,设一保险会社,依此数十人之契约,专保此数十人所有财产之险,不招外间顾客者,均与寻常之保险会社不同(参看商法四一八,及相互保险会社登记取扱手续)。

栈桥业 沿海滨而架桥,以便海舶之停泊,旅客货物之上落者,曰栈桥。以建造栈桥向行人征收报酬为业者,名曰栈桥业。

概算渡 先计算其大概而付之,俟后再行清算者,曰概算渡。

枸橼酸 化学上之药品。果实之汁中,皆含有此物。枸橼未熟时,其汁十分中约含有六分乃至七分之枸橼酸。橙橘等汁亦富有此酸。有机化合物也。

枢密院 关于立法行政之事，备天皇顾问之官署，曰枢密院。案枢密院，与各种官署不同，有顾问而无执行之权，直隶于天皇。对内阁，有独立之地位。

检证 裁判官检查犯罪证据之谓。

检事 检事局任检查之官吏，曰检事。检事负代表国家保护公益之责，故对于裁判官之审案，有伸诉辩白之权。倘罪名混淆，检事仍可再行检正，覆请裁判所审判。然检事之对于判事，仅有监察与请求之权。其判决权，则丝毫不能干预。故二者相对平等，相助为理者也。

检事局 凡设一裁判所，必设一检事局。检事局于裁判所管辖之范围内，有检查民事刑事之责任。

检事正 地方裁判所之检事局长。

检事长 控诉院之检事局长。

株式 股份也。言一本之分为若干株也。

株金 股东对于会社所交之股本，名曰株金（参看商法一二三、一五二、二三八）。

株式申込人 当募集股份之际，愿入股之人，名曰株式申込人。

株式申込证 有人对于株式会社之招股者，约定认若干股，招股者即付以证书，令其按期付款，名曰株式申込证（参看商法一二六）。

株式引受资金 政府因补助农工银行之营业，令各地方担任若干股本。此股本金，名曰株式引受资金（参看农工银行补助法一）。

株式会社 会社之资本，以股份而成。股份之外，股东不负责任者，名曰株式会社（参看商法一一九至二三四）。

株式配当券 股份公司分花红之证券也（参看株式会社、配当注）。

株式合资会社 会社，以无限责任社员，与股东相合而成者，名曰株式合资会社。按株式合资会社，骤观之，似与合资会社无区别。抑知株式合资会社之股东，其资本为株式，以得辗转让卖为原则。合资会社之有限责任社员，其资本为持分，以不辗转让卖为原则，此其异点也（参看持分及合资会社注，商法二三五至二五四）。

森林主副产物　指森林中主要之产物，与附属之产物而言。如木材为主产物，其他为副产物。

染齿料　日本旧时风俗，女子既嫁，必染齿为黑色。近时此风寖废。用以染齿之材料，曰染齿料。盖即涅齿也。

构内　房屋围墙之内，曰构内。

板硝子　见硝子注。

机械移转料　已行加入申込而使用电话者，如移家于别处，因须移置电话机器，则纳其费用，是谓机械移转料。

欠　部

欠缺　不足之谓。如醉时之行为，则曰意思欠缺。无印之契券，则曰权利欠缺。

止　部

正量　即精确之分量。如受潮之物质，尚含有水之重量，分量不确，干燥后秤之，则水量提去，分量颇正确，故名曰正量。

正味　实也，真也。

正写料　电局送来之电报，字画模糊，或有错误，复请电局重写该电文。此报酬曰正写料。

正午通报料　预请电局，每日正午时，由电局通知，以便于知时刻。其报酬曰正午通报料。

归属权利者 凡物必有主，有主始有归属。具有此归属之权利之主人，名曰归属权利者。

歹 部

残存 指所存之残者而言。今有人以百金购一马，约一月后交付。至一月后马忽毙，则债权之所存者，惟百金之值耳，是曰残存。

残置 留置也。

残任期间 有一定任期之职者，不终任而去，由此计算至满任时期之间，名曰残任期间。例如众议院议员，任期四年，乃有就职仅及三年，而身已死亡者。此一年间所残之任期，即称残任期间。又有仅称残任期者，与此无别（参看町村制二一六，及众议院议员选举法七九）。

殳 部

段步 日本面积之名称。三十步为一亩，十亩为一段。一段步，即中国三百八十余弓。

段通 地毡也。

段别割 税金系分划地段，而平均征收者，名曰段别割。

母 部

母蛾 蚕成茧后，过期即破茧而变蛾，用以产蚕子者，曰母蛾。

比 部

比重 某物体与摄氏（寒暑表）四度之蒸馏水比较而得之重量，曰比重。如金之比重为一九点四，即金比同容积摄氏四度之蒸馏水重一九点四倍之谓也。

氏 部

民事担当人 代犯罪人担当损害赔偿，赃物返还之责任者，名曰民事担当人（参看刑事诉讼法一一）。

民事原告人 于刑事之公诉中，附起民事之私诉者，曰民事原告人。如甲盗乙金而杀乙父，则盗杀之诉为公诉，要求返还所盗之金为私诉。时提起私诉之乙，名曰民事原告人（参看公诉私诉注，刑事诉讼法一二三）。

气 部

气付 注意也。

气发物 可燃之物，曰气发物。如煤油等是。与爆裂物不同。

气象台 略同中国天文台。日本分设天文台与气象台。天文台专掌观测日月星躔等天象，属帝国大学。气象台专掌观测阴晴风雨寒暑等天候，属文部省。气象台之分所在各地者，曰测候所。天文台之分所在各地者，曰观测所。

气象报告 气象台以其所测定之气象报告，谓之气象报告（参看气象台注）。

水 部

水引 赠答礼物，必覆以纸，上系以纸绳，是谓水引。

水樋 疏通雨水污水之沟，曰水樋。又曰水拔。

水压 自来水喷出之缓急，即基于来源之水之高低。高者压力大，喷出之势急。所谓水压者，即水之压力也。

水分 凡物质内所含有之水质，曰水分。

水先人　见水先案内注。

水先案内　船舶进出港口，不知水路，恐罹危险，雇用向导人，以小船引导，谓之水先案内。此向导之人，名曰水先案内人。此向导之船，名曰水先案内船。此向导之酬报，名曰水先案内料（参看商法六六七）。

水先案内者　引港人。

水道支管　日本谓自来水曰水道。地中埋设自来水管，由干管纵横分支，此即其支管也。

水面埋立　将有水之处，填为平地之谓。

水利组合　二市町村以上，同有水利之关系，既不能归一市町村独任，又不属于町村组合之权限者。于是数市町村联合而成一团体，专处理水利之事业，名曰水利组合（参看町村组合注，水利组合条例）。

水准点标石　高山及不平之地，每用水准器测量之，水准即水平器也。水准点标石者，于测定水平面之点，立一平正之石，以为标准，使后此有测量此地者，得以此石，安置水准器也。

水利土功会　设会以行关于水利之工作者，曰水利土功会（参看水利组合条例）。

永贷借　期限甚长之贷借，曰永贷借。如永小作权，即为永贷借（参看永小作权注，民事诉讼法五）。

永小作权　指佃户对于地主，有永久耕治之权利而言。日本民法，关赁贷田地，立有一定之期限，其赁贷之期限甚长（二十五年以上五十年以下），佃户耕治之权利亦甚长，故谓之永小作权（参看小作注）。

永代借地券　指外国人居留地之地券而言。因条约之关系，以土地之一部，许外国人群居。外国人之借是地者，由日本政府付以券，名曰永代借地券（参看第三款永代借地权之章）。

法螺 以螺通孔而吹之。古时军阵用以示进退，入山用以作同行者之引导。

法人 具法律上之人格者也。按法人实无其人，仅由法律上定其行事，得视为与人相等。如立一公会，公会自身本为无形之物，然由法律上视之，则公会实具有独立之人格，得置财产，及行各种之法律行为。凡公会无不有总理之人，名曰理事。当此人之在公会也，即代公会为法人。若退去公会，即无复有法人之资格矣。

法律案 提出于帝国议会之法律草案，曰法律案。其未提出于帝国议会者，不得称法律案。政府及帝国议会，均有提出法律案之权。帝国议会已议定法律案，未经天皇裁可者，仍为法律案。一经天皇裁可，方确定为法律也。

法律行为 人民日常之行为，于民法、商法上生有关系者，名曰法律行为。

法定利息 利息依法律之定率者，曰法定利息。日本法律所定之利率，民法定常年五厘，商法定常年六厘。

法定果实 凡物恃法律保护之力，而收取者，曰法定果实。如租价、利息类之收取是。

法定代理人 凡未成年及禁治产者，必须有代理其事之人。此代理人，由法律推定者，名曰法定代理人（参看后见注）。

法人之资本额 指法人所有之资产总数而言（参看法人注）。

法定家督相续人 指法律上所定之家督相续人而言。如民法九百七十条、九百八十四条所定，凡直系卑属，均得为家督相续人是也（参看家督相续直系卑属注，民法九七〇、九八四）。

法定之推定家督相续人　据民法第九百七十条之定例，推定为家督相续人，名曰法定之推定家督相续人。如家主之长男，据法律之定例，得推为家督相续人。若无长男，得推及其长女。是皆谓之法定之推定（参看家督相续及法定家督相续人注，民法七四四、九七三）。

决算　政府预计一岁所需用款，以求议会协算，曰预算。于一年支用既毕，稽核而结算，以较预算之盈绌，名曰决算。

决定书　凡表示其意思之决定，而以书牍宣布者，皆名其书为决定书。

决选投票　当选举投票，得票者均未满法律所定之数时，可令选举人，于未满定数之得票最多者二名或数名中，更行投票，以决定当选者为谁，是名曰决选投票。

决斗罪　事之是非曲直，不讼诸裁判所，凭两造私斗之胜负而决之，名曰决斗。日本刑法，禁民间决斗，违者问罪，名曰决斗罪（参看决斗罪处分法）。

海壁　即用石建筑之海岸也。

海损　船长为免船舶及载货之危险，临时即行处分，由此处分而生之损害，或需费用，是谓海损。此海损由有利害关系者分担（详见商法第五编第四章）。

海成　田亩之滨川者，适为海水所淹，致变成荒地者，曰海成。

海苔　即紫菜。

海堡地　海边保障之地，曰海堡地。

海事局　掌管海上行船事务之公局，曰海事局。属递信大臣管辖之下。凡船舶中升迁职员，考验领港人，及检查船舶等事，皆归管理。

海技免状　海员所要之技术，曰海技。免状，文凭也。如机关士、运转士，皆得有文凭，方可办理事务。

海面波止 税关择海面适宜之处，筑堤以为埠头，名曰海面波止。

清算 凡商事会社，当解散之际，必有未了之事务。清理结算此未了事务，以绝法律上之关系者，名曰清算。

清算结了 解散共同事业之决算，至终了时，名曰清算结了。如一会社，本由三人共同开设，因故分拆，指定某甲为之决算帐款，应还者还，应索者索，两相抵除，若有余裕，照当初之合同，三人分配。当此之时，一切关系，业已清结，呈报该管官署，明此三人之事业，自此毫无纠葛，即为清算结了（参看民法八三）。

渡 交付也。

涤除 赎抵当物，名曰涤除。如甲以地抵当诸乙，时丙因欲购甲已抵当于乙之地，代甲赎回，谓之涤除。

注文 购物预约，名曰注文。即定买也。

注文者 预约之买主，曰注文者。

注意方 注意之方法也。

混同 债权、债务并合于一人之谓。如甲借债于乙后，乙当为甲之相续人，或甲当为乙之相续人，是时债权、债务，则合并于一人，是曰混同（参看被相续人注）。

混和物 即混合调和而成之物。如油酒等类之液体物，曰混和物。

减杀 减削权利之分量，名曰减杀（参看民法九六七、一一三四至一一四五）。

减员 减少定额之人员，曰减员。

减价引除积立金 凡船舶机器，及一切之物，用久价减，预计其应减之价格，年年折扣，谓之减价引除。公积款项，以备折扣之额，曰减价引除积立金。例如购一机器，价一万元可使用十年，每年由使用而耗损之价格为一千元，则十年之后，其机器不能用，而价格全无。当新购机器，以备使用，故每年贮积一千元，为购新机器之费。此年年减算之价格一千元，即为减价引除。是为计算财产极正确之法。

涩　涂料之一种，以未熟柹实之液汁制之，涂于纸布等，以防腐烂，即柹油也。

汤叶　即豆腐衣。

漆喰　石灰浆。

油团　日本婚礼妆奁，必被以布，附以各家世传之花纹，是谓油团。

油差　灌油机器，曰油差。

沼地　沼泽沮洳之地也。

河筋　河道也。

测旗　测量时所用。如标准之旗，曰测旗。

测标　测量地势所设之标也。

测程具　测量航程远近之器械也。

测深具　测量海水深浅之器械也。

测候所　见气象台注。

济清　清讫也（参看民事诉讼法九七）。

添状　送物时添入之书状，名曰添状。

添付　一物既成，复以一物添附之，使成一物者，谓之添付。例如甲有家屋，乙增筑之；甲有酒浆，乙混和之；甲有材木，乙凋镂之；皆添付也。又如一书脱稿，复加说明，亦为添付（参看民法二四二至二四八，商业会议所法施行规则三）。

渔捞　捕取鱼类也。

沟敷　沟易壅塞，备沟水流通之地，曰沟敷。

浮标 树于水中之木标，因行船或测水而用者，名曰浮标（参看刑法一六六）。

滤过池 自来水厂使河水清洁，先用沉淀池（详见沉淀池注）澄清之，再用砂炭细石等，填满他池使澄清之。水由此滤过，则清洁可饮。滤过池，即填满砂石薪炭等物，滤清污水之池也。

滤过纸 能滤去水酒等中之渣滓者，曰滤过纸。

浦役场 管理船舶水上事务之官署，曰浦役场。

沸腾点 沸腾点，即沸点。物体异，则沸腾之迟速亦异。某物热至何温度而沸，即为某物之沸腾点。

湖水成 田亩之滨湖者，适为湖水所淹，致变为荒地者，名曰湖水成。

没收 充公也。

波户场 码头也。

波止场 与波户场同，见波户场注。

满俺青铜 满俺，矿物之一种。以此和铜，为贵重之合金，曰满俺青铜。

消印 凡证券等贴用印花，必盖图章，以示不得再用，谓之消印。又已有印记者，欲涂抹其印记，则用刻有消印字样之图章盖之，作为灭失其效用之标识，亦称消印。

消火 灭火也，息灯也。

消火栓 消火栓，系埋于地下之水管，上有活栓，具有螺丝，旋斡灵便，遇火警时，将活栓螺丝旋开，接以皮管，则水往上涌，执皮管而高下之，可以熄火。

消防具 救火之器具。

消费贷借 指贷借消费之物品而言。如借米一石，米为消费之物品，偿还时虽付以同量之米，而必非原物，是谓消费贷借。

消灭时效　见时效注。

滞纳金额　一种金额，应纳而迟滞不纳者，名曰滞纳金额。此有全部金额，或一部金额之别。

滞纳处分　租税之应纳而不纳，或已纳而未足者，皆曰滞纳。国家对于滞纳者，用强制之法而征收之，名曰滞纳处分（参看诉愿法一）。

沉淀池　阴沟、阳沟为污水及雨水潴积之处，开一大池，澄之使清，然后引至滤过池（详见滤过池注），则水可清洁。沉淀池，即水由阴阳沟流集时，而澄之使清之池也。

沉淀磷酸石灰　重过磷酸石灰，遇水能溶解。沉淀磷酸石灰，即磷酸石灰之遇水不能溶解者，可供肥料之用。

沃度化合数之试验　沃度，元素名也。与沃度化合而成之物，曰沃度化合物。然他物与沃度化合时，需一元素或二元素以上。所需沃度之数不同，其生成之物亦异。将沃度化合物，用化学药品试验之，藉知某物含沃度若干，曰沃度化合数之试验。

火　部

火葬场　设一场所，以供火葬，曰火葬场。

灰分　将物质煅烧成灰，灰之部分曰灰分。例如米煅烧成灰，即为米之灰分。米之灰分中，实含有钾钠石灰等成分。

炭取　盛炭之篮。

勋记　凡赏物勋章，必有一文凭，以记其功勋，名曰勋记。

烧酎　酒名，即中国烧酒。

烧畑　烧去草类之地，种树及菜蔬者也。

乌口　其形如镰，有锐角，为画图书线之用，状类乌喙，故名曰乌口。

营林　经营森林之谓。

营业税 于各种一定之经营商业，就其大小而课之税。日本从来此税列入地方税中，今改为直接国税之一种。

营业场 经营商业之地。

营造物 不论公有私有，凡经营造作之物，系供公众之用者，名曰营造物。有专以物成者，如道路桥梁等类是。有以人与物相兼而成者，如学校、病院等类是（参看市町制六九九，府县制九，郡制六）。

营业保证金 关于特种之营业，依法律之规定，纳付一定之金额，以为保证，名曰营业保证金。

营业目论见书 营业设计之文书（参看目论见注）。

为替手形 为替，汇兑之谓。汇兑用之银券，名曰为替手形。

为替证券 汇兑所用之各种凭单，名曰为替证券。

为替诉讼 关于银券而起诉讼，曰为替诉讼。如甲商持乙商所发之银券，向乙商支取，因乙商不付，而起诉讼是也（参看民事诉讼法四九四至四九六）。

烟管筒 插烟管之具，曰烟管筒。

烟突 烟囱也。

点检济 即检点已毕之谓。

爆烈铦 捕鱼器具。其锋锐利，锋尖有钩，贮有爆烈药，鲸鱼等触之即爆发。

磷青铜 磷，原素之名，铜和磷化成者，曰磷青铜。

磷寸轴木 制造火柴之木杆也。

炼化石 即砖，同炼瓦。

炼瓦 即砖。

熔融点 金属等固体，受热必熔解。其熔解时所需之热度各自不同，热至某温度而熔解，曰熔融点。例如冰稍受热即熔解，铅则必至高温度始熔解,即其熔融点不同故也。

无料 犹言无费。

无料贷付 贷物于人,不取租钱,曰无料贷付。

无能力者 日本法律,定人民之无能力者有四种:曰未成年者;曰禁治产者;曰准禁治产者;曰妻(参看能力未成年、禁治产、准禁治产注)。

无记名债权 证券上不书债主之姓氏,凡执此证券之人,即执此债权,曰无记名债权。

无偿行为 指行为之不受报酬者而言。如赠与之行为,断不望受赠者之报酬,即为无偿行为。

无担保贷付 贷物于人,谓之贷付。既贷之时,恐将来不能偿还,设定担保之物品,谓之担保贷付。无物品为担保者,谓之无担保贷付(参看保险业法施行规则九)。

无限责任社员 会社之股东,如遇会社资本不足抵偿社债时,除已出之资本外,仍须负偿还之责任者,名曰无限责任社员。如合名会社之社员是(参看合名会社注,商法六、六〇)。

无料普通邮便 不用挂号之通常邮信,曰普通邮便。用普通邮便,送达电信,不另征邮费,名曰无料普通邮便。

无手数料配达区 电局将接到之电报,送交收电人,不取送费之区域也。

灯台 灯塔也。

灯税 灯台税也。

照校电报 发电报时,用略符号,指定照校之意,预请发电收电两局,核对电文,使无错误,名曰照校电报(参看电报规则九一一六、一一七、一一八,及指定事项,略符号注)。

爪 部

爪挂 披于木屐之尖，防污足趾者，曰爪挂。

片 部

窗挂 犹言窗帘。以布帛为之，盖为避阳光也。

片假字母 即日本正体字母。假汉字偏旁而成者，又名曰片假名。

牙 部

牙保 因欲得财产上之利益，遂与持赃物者通谋，作卖却赃物之居间人，名曰牙保（参看刑法三九九）。

牛 部

物权 物本属我，我实有左右此物之权利，名曰物权。

物品切手 凭券以取物品，此券名曰物品切手。

物品贷付业 以贷付物品与人为业者，曰物品贷付业。

特赦 即指一犯而特赦其刑之谓（参看刑事诉讼法三三一至三三四）。

特定物 指物之不与他物混同而言。如言某地所有之某产，则某产即曰特定物。

特定动产 指特定之动产而言。如古玩宝器之类是。

特别资金 储为一定费用之金额，曰资金。特别资金，指在常款以外者而言。

特有财产 一家中一人特有之财产，曰特有财产。日本旧律，凡一家之财产，尽为户主所有。新民法定子之财产，子所特有，不认为父子所共有。妻之财产，妻所特有，不认为夫妻所共有也。

特别议员 商业会议所中，享有特别权利之议事人员，曰特别议员。对于寻常议员而言，凡为特别议员者，年在三十岁以上之男子，关于商工业，有学术技艺，或富经验者，由地方长官任命之。惟其员数，不得逾寻常议员定额五分之一（参看商业会议所法五）。

特定承继人 指承接继有特定之权利义务者而言。如买主、受赠者、让受人，均为特定承继人。若相续人，系承继一切之权利义务者，名曰包括承继人（参看让受人及相续人注）。

特卡克兰姆 衡名。十克兰姆，为一特卡克兰姆。

特卡立脱尔 为计流质量名。十立脱尔，为一特卡立脱耳。其容积为十立方特西迈当。

特卡迈当 度名。十迈当，为一特卡迈当（参看迈当注）。

特西克兰姆 衡名。十特西克兰姆，为一克兰姆（参看克兰姆注）。

特西迈当 度名。十特西迈当，为一迈当（参看迈当注）。

特西立脱尔 量名。十特西立脱尔，为一立脱尔。其容积为一立方特西迈当十分之一（参看特西迈当，及立脱尔注）。

犬 部

独立人 法律上许其自由动作，不须依赖他人者，曰独立人。如无能力之人，皆不得谓之独立人。

玉 部

现役 现服役于军事者。

现务 指现在之事务而言。

现在高 高犹言额。现在高犹言现在之额。

现计书　核计现在收支两讫之书，曰现计书。为会计簿书之一种。

现行犯　犯罪之发觉，在现行或现行已终之际者，名曰现行犯。与非现行犯区别之称。盖现行犯，犯罪与发觉，同在一时，则罪状显明，无须调查。非现行犯罪，已经过日后发觉，则罪状难明，全恃调查。二者诉讼之方法不同，故有区别（参看刑事诉讼法一四二至一四九）。

现金取立　取立，犹言索收。邮政局为人代行索取金钱也（详细见邮便规则第八节）。

现金前渡　法律指定为交易之媒介者，如货币、纸币、银行券，皆曰现金。前渡预支之谓（参看会计法一五）。

理事　代表法人办理事务之人，曰理事。

瑕疵之意思表示　不完备之意思表示也。如意思系受人强迫或欺诈而出者，皆得谓之瑕疵之意思表示。

瓦　部

瓦斯局　瓦斯本英语 Gas。中国俗称煤气，可以作燃料，供给瓦斯于公众所，曰瓦斯局。即煤气厂也。

瓦斯支管　日本谓煤气曰瓦斯，乃译自西语者。地中埋设煤气管，由干管纵横分支管。此即其支管也。

生　部

产业组合　欲图一己产业之发达，遂组合多人为一团体，凡团体中人所需要之件，皆由此团体供给之，名曰产业组合。产业组合有四种：曰信用组合；曰贩卖组合；曰购买组合；曰生产组合（参看产业组合法，及四种组合注）。

生的迈当 度名。一生的迈当,即一迈当之百分一(参看迈当注)。

生的亚尔 度名,表示面积之单位也。一平方迈当,为一生的亚尔。一生的亚尔,等于中国九平方尺七三三一三九余。

生的立脱尔 表示容积之量名。一生的立脱尔,即一立脱尔百分之一。亦即十立方之生的迈当(参看生的迈当及立脱尔注)。

生的克兰姆 表示重量之衡名。一生的克兰姆,乃一克兰姆百分之一。

用部

用水 日本民法所定,有所谓用水权者,言我之土地,苟不便灌溉,得自邻地汲取也。

用水溜 畜水之潴也。

用纸 备用之纸。

用办 应用以办事之谓。

用益者 日本旧民法,有所谓用益权者,即以他人所有之物,承他人之允许,得使用而收利(以不损伤原物为限)。此使用而收利之人,名曰用益者。新民法无之(参看民事诉讼法一六)。

田部

町步 日本面积之名称。十段为一町。一町步,约等于中国十六亩余(参看段步注)。

町程 日本路程。六尺为一间,六十间为一町,三十六町为一里。町程即谓路程几町也。

町村组合 一町村独力不能成一大事业,为便宜计,结合数町村,而立一协议机关以处理事务,名曰町村组合。故与合并不同。合并者，以数町村并为一町村。组合则关于特定事务，始共同处理。

留保　引留而保有之谓。

留置　犹言留存。发电报人，不欲送回电至其家；或收电报人，不欲送电报至其家。均用略符号，书明留置之意于信纸，以便自就电局领取，谓之留置。但留置二字之义，时有不同。此则专指电报而言（参看电报规则九、六十二，略符号注）。

留置人　刑事被告人，被留置于留置场（参看留置场注，监狱则第一条）者，谓之留置人。

留置权　因物价未偿，有留置其物之权利，名曰留置权。如甲售财产与乙，而立契约，是财产之所有权，已属诸乙，甲宜以财产付乙。然当时乙苟未将代价偿清，甲为留置其财产，以作担保，必待其偿清而后交付，是曰留置权。

留置局所　留置电报之局也（参看留置注）。

留置通知料　依留置邮使规程，将留置之旨通知之之费也。

留金前缘　装住而使不摇动之金属，曰留金。留金前面之缘，曰留金前缘。

当直　即值日。

当事者　指身当其事之人而言。

当座预　银行存款，有随时支取、定期支取之别。如存款于银行，得随时支出，陆续存入者，曰当座预。利息较定期预为轻（参看定期预注）。

当座贷越　当座预（参看当座预注）主，预与银行相约，以后支取金钱，得超越所存入之额者，曰当座贷越。

当座勘定贷　当座有随时之意。勘定犹言结算。银行之贷借，谓随时可以结算帐目者，曰当座勘定贷。此系区别定期贷之用语（参看定期贷注)。

当该取扱所 犹言该取扱所。取扱,办理也。

番人 看守人,管理人,盘查人。

番头 关于商业上一种使用之人,名曰番头。由店主委托佣雇,而为某种之事,如采办商品者,司理出纳者皆是(参看商法三三、三四)。

番船 盘查船也。

异动 变动之谓。

亩步 日本面积之名称。三十步为一亩。一亩步,即中国三十八弓余。

甲板 船舰上舱面之板,曰甲板。

申禀 禀告也。

申渡 与以申告之谓。

申合 协约也。

申立 申告其事于官府之谓。如官府所为不服者,上陈其事由,谓之申立。

申込 据法理上所定,凡人与人相契而立约,其必经之事有二:在发意者,曰申込。在因应者,曰承诺。申込者,缔结契约之提议也。有提议,而后有允诺。得允诺,约始成立。又有报名之意。

叠表 叠即席也,席之表面较精,曰叠表。

略号 日常往复电报者,欲免详书姓名、住址之烦,则预定省略其姓名、住址之符字,谓之略号。欲用略号者,先请电局注册,以便送信。

略符号 见指定事项注。

略号登记料 将略号请电局注册之费也(参看略号注)。

癶部

登记 犹言注册。官备簿书，记录人民之权利身分，备作法律上之证据者，曰登记。

登录 人民请实行登记之式，曰登录。又有注册之意。

登录税 人民欲以一己之权利身分，登记于官备簿书中者，必课以税，名曰登录税（参看不动产登记法四九）。

登录济证 证明已经登记之券，名曰登录济证（参看不动产登记法三五、六〇）。

登记之欠缺 当登记之事而未登记者，名曰登记之欠缺（参看登记注，不动产登记法四、五）。

登记权利者 指享登记之权利者而言。如购买房屋，买主不可不登记。买主之登记，为登记权利者（参看登记及登记义务者注，不动产登记法二六）。

登记义务者 指尽登记之义务者而言。如售卖房屋，卖主不可不登记。卖主之登记，为登记义务者（参看登记及登记权利者注，不动产登记法三一）。

登簿船免状 凡船舶大小、载重、船主等，详细登录于政府簿册，曰登簿。免状，文凭也，执照也。将登簿条项缮为文凭，以为船舶执照，名曰登簿船免状。犹中国之注册船牌。

发行税 日本银行，台湾银行，有发行通用纸币（即兑换银行券）之权。政府因畀以此权，而课其税，名曰发行税。

发著 发送接到也。

发受 发送或接受也。

发受局所 发电报至他处，或由他处收电报之电局也。

发信局所 发电报之局也。

白 部

白金 贵金属之一。价昂于金，出产甚少。无论如何灼热，不易熔融，且不生锈。工业上常用以作避雷针、电灯及煅烧他物之器皿。

白尔莫 西酒名。

皇张 犹言张皇，即增大之意。

皇族家职 宫内省中之官，掌皇族一家之事务。所谓家职者凡四：一别当；二家令；三家扶；四家从。

皿 部

益金 会计时入浮于出，则以所赢之额，为益金。

监事 监督法人之财产与事业者，曰监事。按法人本无形，必有理事者代之握权。然恐理事者有专横之弊，故必有监督者（参看法人及理事注）。

监视 犯人受主刑已终，尚欲检束其将来，使警察官吏视察犯人之形状，名曰监视（参看刑法一〇、四〇、四一）。

监仓 为海军军人犯罪而设之监狱，曰监仓。海军监狱之一种。

监查役 株式会社中，司监督检查之职者，名曰监查役。盖株式会社，以多数股东组织而成，各股东之对于会社，不能人人司监督检查之职，故于公选取缔役以总理社务外，又公选监查役，以监督检查之（参看取缔役注，商法一二四至一五八）。

监视哨所 为备军事防御，所设之监视屯戍之所也。

监督义务者 对于无能力之人，法律上负监督之义务者，曰监督义务者。如后见人、保佐人之类是（参看能力、后见及保佐人注）。

目 部

目途 犹言目的。

目方 犹言分量。

目论见 犹言设计。

目的物 指目的所系之物而言。如地主目的，系于土地。屋主目的，系于房屋。

目标林 用以作航路界址标准之林，曰目标林。

直切 使减价之谓。

直营 直捷经营其事业之谓。如建筑事业之加工赶造是。

直点 垂直之点也。例如系铅丸于丝，使之垂直向下。铅丸与水平线相接之一点，即谓之直点。

直取引 两造交易之约已定，遂直接履行者，曰直取引。如结买卖之约者，买主立即付钱，卖主立即付货，是为卖买取引之一种（参看卖买取引注）。

直系尊属 指直系亲族之尊者而言。如父母、祖父母、曾祖父母、高祖父母、五世祖父母、六世祖父母，皆为直系尊属。

直系卑属 指直系亲族之卑者而言。如子、孙、曾孙、玄孙、五世孙、六世孙，皆为直系卑属。

直接国税 国家税公众之财，以供行政之费用，名曰国税。国税分直接、间接二种，纳税者与担税者即为一人，曰直接国税。如所得税、营业税是也。

直配达区域内 电局左近陆上一里以内，及电局所在市区内，称电报直配达区域内。在此区域内，将收到之电报，由电局直接送交收电人，不取送费（详细参看电报规则第七章）。

真文　朝鲜国文有二种:一曰谚文;一曰真文。真文乃对于谚文而言也。

真绵　即丝绵。

真鍮　黄铜也。

看板　招牌也。

督促状　催促之文书也。

矢部

矮林　林木之扶疏而不高者。

短册　长条之纸,饰以彩色,用以书和歌者。

石部

石张　以石片砌成之短堤,曰石张。

石砂入　石砂冲入田亩,膏腴致变成瘠壤者,曰石砂入。

石炭入　盛石炭之器。

石炭摩尔达尔　由石灰制成之摩尔达尔也。此种摩尔达尔,可供接合砖瓦之用。

硬度　物体坚硬之度,曰硬度。测硬度之器,曰硬度计。例如滑石之硬度为一度,金刚石之硬度为十度。即金刚石之硬度,强于滑石十倍也。

硬皮　兽皮之坚硬者。

磁北　磁针之北。罗盘上所用之磁针,外国常指北,与中国指南之制虽不同,而理则一。

破产　商店无力偿债,请裁判所干预,以所余之资本分偿债主,名曰破产。此专指商事而言。若民事,则曰家资分散。

破产管财人　当破产之际,管理破产者之余资,以均付各债主之人,

名曰破产管财人。按破产管财人，有一人者，有数人者，由裁判所选任之（参看破产注）

矾沙引 矾纸也。

确定判决 判决不服，准其上诉。然上诉有一定之期限，过期不准，故判决已经过上诉期限者，及经第三审判决者，名曰确定判决（参看刑事诉讼法七）

砂糖渍 糖腌之物也。

硝子 玻璃也。玻璃板曰板硝子。

硝酸盐类 金属之硝酸化合物也。如硝石等是。凡植物之需窒素（非金属原素名）以生活者，可用此为肥料，以其含有多量之窒素故也。

硝酸性窒素 硝酸乃一个水素（原素名，又名轻气）、三个酸素（原素名，又名痒气）及一个窒素（详上）三物化合而成。硝酸性窒素，即窒素之失其本来性质而变为硝酸之性质者也。

礁标 浮椿。所以标示暗礁也。

示 部

示压图 表示汽机压力之图也。

神宝 神社之宝物。

神职 神社司祭之职官。名曰神职。

神官 凡掌神宫祭祀之官职，总名曰神官。如祭主、宫司、权宫司、祢宜、权祢宜、主典等官是。

社团 由二人以上结合而成之团体，曰社团。社团有公私之别。公者如研究学术之学会等类是，私者如谋私之商会等类是。

社债 指株式会社及株式合资会社所负之债务而言。社债有记名及无记名之区别。社债证券上书明债主之姓氏，所谓凭人不凭券者，曰记名社债。社债证券上不书债主之姓氏，但认券给息者，曰无记名社债。社债又与株式不同。株式与会社之关系为商务，社债与会社之关系为债务（参看株式会社，及株式合资会社注）。

社寺林　凡系神社佛寺所有之森林，曰社寺林。

社债权者　指购会社之债券者而言。因既购其债券，对于会社即为债主，有令会社偿债之权，故名曰社债权者（参看会社注，商法二〇二）。

社债原簿　会社帐簿之一种。记录社债之总帐簿，藏诸本店（对于分店而言）备查者，名曰社债原簿（参看社债注）。

视形线　平地测量时，眼所能视之直线，曰视形线。如遇有房屋、林木等物障蔽时，则越过此障蔽之处，依此直线而引延之。画平地测量图时必需之物也。

禁锢　犯轻罪而监禁，名曰禁锢。刑法上刑名之一种，有重禁锢、轻禁锢之别。

禁治产　法律上禁止人自治其财产也。如疯痴之人，其精神已失独断之力，倘法律上仍许其自治财产，则于己于人均遭危害。故裁判所苟受其亲族之申告，或检事官之报告后，即当于亲族中选一代理之人，以代治财产。

礼曹　朝鲜官名。略同礼部。

禾　部

种油　榨植物之种子而得之油。

积回　将所载货物，运回原处也。

积立　积聚而存置之，谓之积立。如所称为积立金者，即以其所余，积聚而存置之，以备不时需用之金是。

积立金 见积立注。

积戾 货物载来而复返还之，曰积戾。

积荷 载货之谓。

积荷目录 舱口单也。

积卸 船舶将旅客、货物上下也。

积算 积累各款项，而计算所得者，名曰积算。如款项为甲、乙、丙、丁四种，聚积此四者而计算之，成一戊种是。

稻扱 农具名，用以取稻去秆者，即连枷之类。

科料 犯警察法，而罚以金钱，名曰科料。

委任 委托他人，代任己之法律行为，付以代理之权者，曰委任（参看委托注）。

委托 委托其事于他人之谓。与委任不同，法律上有效力之委托，曰委任。

委付 以权利之全部分或一部分，委于他人，而免己之责任，是曰委付。例如保险之事，甲为保险公司，乙为货主，乙恐货物运送时或有损害及费用之处，不愿自为处理，将其一切事项委诸甲而免其关系，此即委付之一说也（参看商法五四四、六七一）。

委任状 自委任者交付于担任者之文凭，用以证明其委任之事，曰委任状。公文之一种也。

私报 见官报注。

私诉 被犯罪者侵害其私权，遂附带于犯罪之公诉中而提起要求赔偿之诉，名曰私诉。如甲盗乙金而杀乙，则提起盗杀之诉，为公诉。附带于公诉，而要求返还所盗之金，曰私诉。私诉之所以必附带于公诉者，因杀人之刑事为主，偿金之民事为客也（参看公诉注，刑事诉讼法二、四、九）。

私权 关于各人私事上应享之权利，曰私权。如身分、财产等之权利是。

私生子 见庶子注。

私法人 从民法之所定，而具有法律上之人格者，曰私法人。如代表财团之法人，代表社团之法人，均为私法人。与公法人区别之名称（参看法人、公法人、财团、社团注）。

秘辞 发电报时，事属秘密，送电与收电二者之间，预设暗码，使他人不解其意，是谓秘辞。即中国之密电。

秘密遗书 指遗书之秘密者而言。日本作遗书之方式有三：曰自笔证书；曰公正证书；曰秘密证书。所谓秘密者，不论遗书之为亲笔、为代笔，必须由本人钤印固封，生前不使人知也（参看民法一〇六七、一〇七〇、至一〇七二）。

秘密选举 以秘密之方法而投票，使人不知谁人选举某某，名曰秘密选举。即用无记名投票之方法是，与秘密投票同义。此系区别公表选举之用语。

秘密投票 以秘密之方法而投票，使人不知投票者为谁，名曰秘密投票。即无记名投票是。

税关上屋 税关辐凑货物，以行检查之地，名曰税关上屋。

税金拂戾证书 可发还关税之证书也。

移民取扱人 办理人民移住于外国之事之人。

穴 部

窒素 原素名，又名淡气。空气中最多，动植物皆赖此生活。

空取引 不见货物，仅以市价之高下，而决损益者，名曰空取引。即中国之买空卖空。

突合表　突合者，两相比较对照之义。两相比较对照，列为一表，名曰突合表。

立部

立退　退去也。

立合　即临场检察及作见证之意。又立合人，即查帐者。立合裁判，即会审也。

立入　深入也，干涉也。

立会　临场之意。

立积　立体之积也。例如有池一方，其深八丈，长七丈，阔六丈，即此池之立积，共有三百三十六立方丈也。

立证　举证据以证明事实之真伪，曰立证。

立寄　犹言过访。即暂停也。

立寄港　船舶可以暂停之口岸也。

立替　代他人垫付各种金钱，名曰立替。凡为代理人者，屡为本人代付金钱，例如甲为旅客，乙为旅舍主人，甲所有行李及货物之运送费旅舍主人为之代付，将来结帐时一并偿还，即立替之一种也（参看商法二七五，民法一七四）。

立替金　垫付之款，曰立替金。

立方尺　对于平方尺而言平面方一尺，曰一平方面。立体之物，高长阔各一尺，曰一立方尺。

立法权　国家统治权之一。对于行政权、司法权而言。凡制立国家之法律，经帝国议会协赞天皇裁可之，而后命公布全国俾臣民遵守。虽议会所协赞，天皇以为不可，则不必裁可。故立法权属天皇，议会惟有参与之权而已，非独立而有立法之权也。

立脱尔　法国计流质量名。一立方特西迈当，为一立脱尔。一立脱尔，约等于中国一升三合五勺有奇（参看特西迈当注）。

立会裁判所　会审公堂。

竞合　一物之上，有数种同等效力之权利互相遇合时，名曰竞合。例如同一土地，甲乙共有先取特权。甲乙之权利，遂生冲突。又如同一商品，甲向卖主订定，乙亦同时向卖主订定，当时不能判孰为先得者，即为竞合（参看民法三二九以下，商法六八二）。

竞卖　俗称拍卖。

竞落人　竞落，拍卖时价有着落之谓。故拍卖时出价最高之买主，名曰竞落人。

竞卖代金　多数购买人之中，择其出价最高者而卖与之，即为竞卖。由此卖物收入之金，即竞卖代金（参看商法三七一）。

竞争契约　政府有工事，或卖买物品，则公告于众。愿订承办工事卖买物品之契约者，用入札之方法，咸来竞争。政府择其最适宜者，与之立约，名曰竞争契约（参看入札注，会计规则七二至八一）。

端数　数有零余，不能成整数者。名曰端数。

端舟　舢板也（参看商法五三八）。

竹　部

竹木拂代　伐取他人之竹木，而付以代价，谓之竹木拂代。

篝火　亦曰燎。与中国燎字同义。

笔生　为官署公署私人之使用人，专司笔札之事者，名曰笔生。

簞笥　即中国衣柜之类。

第三者　指间接有关系之人而言。如甲以土地售与乙，乙复赠与丙。

此时丙自甲乙间之关系视之，则为第三者。

第三债务者　犹言负主之负主。如甲对于乙，负有债务。而丙对于甲，又负有债务。此时自乙处以言丙，名曰第三债务者（参看民法四八一）。

筋违木　筋违，斜也，交叉也。用以作交叉式之木，曰筋违木。

管辖违　裁判所依土地之区域、事物之种类而有区别。甲裁判所，不得管辖乙裁判所之讼案。若不当管辖而管辖之，名曰管辖违（参看刑事诉讼法一七二、一八六）。

管海官厅　管辖内海港湾及经理船舶登记事务之官厅，名曰管海官厅（参看船员法四）。

等级选举法　选举议员之法，不使人民共同选举，以纳税额之多寡，分各阶级，而行选举者，名曰等级选举法。如一选举区，有选举权之人数，为六万六千〇六人。其六万六千〇六人所纳之税额，为万五千元。一选举区内议员之定额，为六人。则此六人之议员，不由六万六千〇六人公选，以其约税之总额，分为三级。如六人共纳五千元，则六人中可选举二人，为第一级。如六千人共纳五千元，则六千人中可选举二人，为第二级。如六万人共纳五千元，则六万人中亦得选举二人是也。此法日本于选举地方议员时行之。

米部

粕漉　漉其糟粕之谓。

粘力　凡物质有粘性者，即其粘力使然。如胶漆等物，其粘力之强者也。

粘土　粘土乃微细如泥之土。干燥之，即坚硬而成块，可作砖瓦等用。又装制爆裂物时亦用之。

精米料 精米即白米，精米料犹言米钱。

精算残金 精算，精密计算之义。精算所余之金额，谓之精算残金。

糊附品 以浆糊粘成之物。

料金 犹言价金。含费用报酬等意。

料理店 酒肆也。

料金差入口 即指自动电话上之投钱口而言（详细参看自动电话注）。

糸部

系谱 人民纪世族继序之谱系，名曰系谱（参看民法九八七）。

素地 未种植、未建筑之地，均曰素地。

素品 未加工作之物品。如未施雕刻之木石是也。

索具 绳索等物也。

累计 积累而计算也。

经伺 请官长指挥曰伺。经其伺，曰经伺。

经界之诉 因争疆界而起诉讼，名曰经界之诉（民事诉讼法二二）。

缀込 往来书状，汇订为一册，名曰缀込。

绝家 无家督相续人而绝其家嗣者，名曰绝家。

纳屋 工事上收纳材料之屋，曰纳屋。与仓库不同。

纳付手续 完纳之章程办法也。

纳税济手形 已纳税之证据。

练减 生丝经练过之后，或失去重量。其失去之分量，曰练减量。

纹纸 有花纹之纸。

茧层 蚕所作之茧，佳者层厚，劣者层薄，故曰茧层。

纤度 丝与棉等物，皆有纤维。然物质异，其所有之纤维亦异。测纤维之单位，曰纤度。

绿青 铜遇酸而酸化生绿色，是谓绿青。即中国所谓铜绿。又矿物之一种。

给仕 侍者，供使令者也。

给料 佣钱也。

缲上 倒填也，提前也。

缲入 顺次归入之义。

缲越额 国家岁出，不满预算之定额而有剩余，将此余剩，拨归明年会计中核算，谓之缲越。缲越之数，曰缲越额。

缲越金 见缲越价格注。

缲替拂 指定为甲项费用之款，今为便宜计，暂易为乙项费用之款，名曰缲替拂。

总代 全体之代表人。

总高 高犹言额，总高犹言总额。

总组 犹言总部分。组，一区域团体之称。山林各区域之全部，谓之总组（参看国有林野处分调查规程五〇）。

总预算 预算国家每岁出入之全部，名曰总预算（参看会计法第二章）。

编物 编绒绳而为物，曰编物。即中国用绒线织成之各种物也。

组立 构成也，建立也。

组换 并合而交换之谓。

组入 并入也。例如本有甲、乙两款，今以乙款并入甲款，谓之组入。

组替 与组换同（见组换注）。

组物 织丝或绵而为物，曰组物。

组合 数人谋利益之均分，而合出资本，合营事业，名曰组合。与会社不同。会社有法人,组合无法人。会社须登记,组合无须登记。会社以金钱为资本,组合除金钱外,得以劳力为资本。盖会社者,合同志以经营商业之团体。组合者,合同业以图利益均分之团体也。其他凡联合而经营一事者,曰组合。如町村组合,学校组合是也。

继父 对于母之后夫,而同住一家者,称曰继父(参看亲权注)。

继母 对于父之继室,而同住一家者,称曰继母(参看亲权注)。

继手 此物之端,与彼物之端,嵌合为一。其嵌合之所,名曰继手。犹言合缝。

继承人 凡继承人之权利义务者,均曰继承人。案:相续人固为继承人之一种,然继承人不仅指相续人而言。

继续费 国用每岁一定,无所谓继续。然遇重要事,如扩张陆海军及工程制造之类,事必历数年而始成,则此项费用亦得延长其期,是谓继续费。

继续犯罪 犯罪之行为,须多费时日者;或一罪而反覆犯数次者,名曰继续犯罪。如伪造货币文书,必多经时日,是为性质上之继续犯罪。如窃米者,今日窃一次,明日又窃一次,虽继续为之,只成一罪,是为事实上之继续犯罪(参看刑事诉讼法一〇)。

继续地役权 使役他人土地之权利,含永久之性质者,曰继续地役权。如观望地役权是(参看地役权注)。

统治权 凡具有独立权之国,主是国者,依应得之权而统治其国,此名统治权。统治权者,全国境内无匹之大权。

约定店 某人与某店,相约而为交易,既成约后,某店即谓之约定店。

约定利息 利息依契约之定率者,曰约定利息。约定利息无定限,悉由结约者之意。

约束邮便 将定期刊行物及印刷物，常托邮局寄者，特与邮局约，无庸贴用邮票，封面盖印有约束邮便字样之图章，即行寄出。按约定之期，纳完邮费，谓之约束邮便。

约束手形 纸面书定某日支付金钱若干，用以证明预约之银券，名曰约束手形。

终局判决 裁判官对于讼案，经此判断而终结，不再为之审理者，名曰终局判决（参看民事诉讼法二二六）。

终身定期金 给人以金钱或物品，系给至终身者，名曰终身定期金。如甲与乙约曰：甲每岁给乙金钱若干，至乙死为止。则甲所给之金，谓之终身定期金。

纯益金额 纯益，纯然利益之谓。于某项金额中，除去元本，纯由元本而生之利益，名曰纯益金额。

纯保险会社 保险公司之营业种类，单简者，谓之纯保险会社。例如火灾保险公司，专保火险；人寿保险公司，专保人险，皆所谓营业简单者。

纹章 犹言徽章。日本风俗，人人皆有家传之徽章。如帝室以十六瓣菊花为纹章是也。

维持料 架设私设电线者，维持其电报机之费也。

维持料金额 因维持所须之费也。

缶 部

罐诘 食物之藏于罐者，曰罐诘。中国谓之罐头。

网 部

罚金 犯刑法上之轻罪而罚以金钱，名曰罚金。

罫纸 界格之纸。犹乌丝栏。

众议院 由民间推选其所信服人而成一议院，为众议院，又曰下议院。帝国议会之一也。

置时计 钟表可安置而不可携带者，曰置时计。

羊 部

义务 人人当尽之理，曰义。有义即有务，故曰义务。人人既尽此义务，即人人有应享之权利。

养亲 非所生父母，依法律所定。而生，亲与子之关系者，曰养亲。

养料 凡亲族有因贫而不能教养者，必当扶助而教养之。此扶助教养之费用，名曰养料（参看民事诉讼法四二）。

养子缘组 缘组即结缘之谓。依法律所定，收养他人子，以结亲与子之缘者，名曰养子缘组（此亲字即父亲、母亲之亲字）。

差支 窒碍也。

差込 插入之意。

差押 官府管押其财产，使之不能自由处置者，曰差押。差押之方法，各种不同。官府于登记簿内，指明某项财产已属差押，不能自由买卖，此不动产之差押也。由执达吏取回而保管之，或封印保存之，此动产之差押也。如甲负乙金，乙负丙金，而即第三者之债权者，官府得从丙请，使甲不得径返其金于乙，而偿之丙，此债权者之差押也。

差引 犹言扣除。

差狂 参差错综之义。

差止 犹言禁止。

差额 与原定额数相差者，谓之差额。如甲托乙代售一物，定额千金。乙或以九百金卖出,是相差之额为百金;又或以千二百金卖出,是相差之额为二百金;或过,或不及,皆曰相差(参看商法三一六)。

差立 犹言派送。由邮政局,以邮政信件,派送于别处邮政局之谓。

差立邮便局所 派送信件之原邮政局也。

差入 犹言投入。

差入品 犹言送入品。

差出 致也。

差出方 托邮局寄信发电之人,名曰差出方。

差出人 寄送之人,曰差出人(参看差出注)。

差缲 设法也,通融也。

美浓纸 美浓,地名。是地所出之纸最佳,故以地名名纸。

善意之第三者 今有甲售财产与乙,是甲、乙为当局之人。时甲苟施欺诈之术,复售与丙,则丙为善意之第三者。因丙不知甲、乙已结买卖之约,系受甲之欺骗者,故无恶意存乎其中也。

耳 部

职印 职事者之印。与官印不同。

联缀 日本所用之假名及欧洲码字,皆联数字而成一义。联书文字,谓之联缀。

联络所 甲处与乙处之间,相联络之所,曰联络所。

联合假留置 监狱之一种。即联合各地方而设之假留监(参看假留监注,监狱则第一条)。

肉　部

肉粉　动物之肉，干而粉碎之，曰肉粉。肥料中之佳品也。

肉池　即印色盒也。

膳　食时所用之高盘。

肩书　于书牍、名刺上，表明其职业之衔，曰肩书。

肩襻　挂于肩上之带，曰肩襻。

肩挂　妇人用品，披于肩者。

胸饰　所以装饰妇人衣服之胸部之物。西式装饰品也。

能力　具有自立、自治之力，曰能力。总言之，凡自具一种作用，亦曰能力。如目以视为能力，耳以听为能力。目不能视，耳不能听，曰失能力。

脱脂绵　脱去脂膏之绵。

脱船人　船员自船舶中逃脱者。

胶附品　以胶胶成之物。

肥料溜　畜肥料之池，曰肥料溜。

胴带　即腰带。

臣　部

临检　裁判官临犯罪之地而检查之，曰临检（参看刑事诉讼法一四二、一四四）。

临时邮便车　汽车联结已定之邮便车外，因邮便物甚多，不能悉数搭载，临时联结预备之邮便车，以使邮便物不至迟延，谓之临时邮便车。

自 部

自动电话 于交通繁密之市街，设一电机，以供人传话者，曰自动电话。此电话无人看管，使用者投钱于电机中，则呼应自灵。若不投钱，则呼应不灵，故名自动。

臼 部

兴行场 凡如马戏演技等，设场以供人游观，曰兴行。其场曰兴行场。

兴业债券 指兴业银行发行之债券而言。

舟 部

艀船 渡船也。

艀船配达 发电报时，其收信人在舰船中，须用渡船送信者，曰艀船配达。

舣装 船舶停泊之时，船内外一切之整理修缮，及开帆之准备，名曰舣装。例如船身之油漆修补，及船具之整顿等皆是(参看商法六八〇)。

船头 船舶之驾驶人，曰船头。

船卸 卸下船舶所载之货也。

船龄 船舶年龄之谓。

船台 造船时所架之台，曰船台。

船籍港 船与他之动产不同，故有籍，如人之有户籍。其本籍之海港，曰船籍港。如于横滨之管海官厅，登记其船舶，则其船舶之船籍港，乃横滨海湾(参看船舶法四，船舶登记规则八、二四、二五)。

船积前 船舶停泊之处。

船员手帖 船中事务员所携带之手册也。

船积愿书 请求将货物装载之文书。

船积免状 船舶中积载之物品，曰船积。积载之际，必须有税关之准许执照。此执照，名曰船积免状。

船荷证券 船舶载货以后，因雇船人或送货人之请求，由船长所出凭单，名曰船荷证券。券上之重要记载，为船舶之名称及运送货物之品量件数，将来取货，即以此券为凭证，与俗称之提单相似（参看商法六二〇至六二九）。

船舶碇系场业 于河海之滨，设立埠头，为船舶碇系之所，曰船舶碇系场。以建造此场，向舟子征收报酬为业者，曰船舶碇系场业。

船书 即船免状。船牌也。

舵取 舵工也。

艸 部

艺人 以卖艺技为生业者，曰艺人。

芥溜 堆积粪草瓦砾之处，曰芥溜。

苗数 植物之秧曰苗，秧之数曰苗数。例如一亩地或一亩田，所插之秧，均有一定之数。应插若干秧，曰苗数若干。

荷物 货物也。

荷足 船舶装载太轻，不便航行时，船底载瓦石等物，使船不颠簸。此物谓之荷足。

荷造 货物行李，运送之先，一切整束之总称，名曰荷造。一名荷作，又曰荷荐。犹俗称之打包装担是。

荷扬场 引货登陆，谓之荷扬。引货登陆之场，曰荷扬场。

荷造费 指整束货物之费用而言（参看荷造注）。

蒟蒻 植物之一种。其根如芋,舂以为粉,可和水以为糊,可煮以为食料。

蒲团 被褥之类。

蓝玉 蓝靛之类,抟为丸者。

叶书 即明信片。

荒天 风雨等,天气险恶曰荒天。

花莚 或称花莫蓙,即有花纹之席也。

著信局所 电信所到之局,曰著信局所。

药剂师 齐和百药之人,曰药剂师。知药性而不知医理,与医士不同。

蒸溜粕 蒸溜所余之渣滓。

萨摩脑法 算法,为萨摩脑氏所创,故即以其名称之。

虍部

处分 即处置之意。此语用法,随地而异。如行政处置,曰行政处分;如裁判处置,曰裁判处分者是。

处务细则 凡各官厅处理事务之详细规则,曰处务细则。

号外 如报纸之传单,在其定号以外发行者,曰号外。

虫部

蚁量 即蚕子之重量。令母蛾生蚕子于纸,秤之。所得之重量,曰蚁量。

蜡布 用蜡涂抹之布。

蜡引布 布面涂蜡者。

血　部

血粉　动物之血液，实为肥料之良品。然血液中含水分甚多，贮藏不便，且易腐臭，故用铁板等，蒸发其水分使成粉末，即曰血粉。禾稻菜棉等之有效肥料也。

行　部

行启　皇后太子车驾所至，曰行启。若天皇车驾所至，则曰行幸。

行灯　日本昔时之灯。以木为架，糊之以纸，种类不一。今乡间仍多用之。

行为地法　指行事之地之法律而言。如在日本所结之契约，则日本法律，即称为行为地法。地不同，法亦不同，故必指明行为之地之法，以表法与地相联合。

行政区画　计一国行政之利便而画定区域，名曰行政区画。如府县郡市町村之区画是。

行政裁判所　行政官厅，苟有不合法律之举动，致毁损人民之权利，人民得以上诉。裁判此上诉之官署，名曰行政裁判所。故行政裁判所，为监督行政官厅之机关，与司法裁判所不同。

衣　部

襟　衣领之谓。日本服仍古制用圆领，故领即为襟。

哀愿　委婉陈情之请愿，曰哀愿。请愿多凭理，哀愿多恳情。

表纸　书册之面皮，曰表纸。

表决　对于议案，表决议之同情。

裁判　依据法律而判决是非。

裁可　凡主国者，于议会议定之法律，亲自署名，钤以玺，以示允行，名曰裁可。

裁决书　行政官厅裁决事件，宣之公牍，名其公牍为裁决书。例如人民诉愿之裁决书是。

裁判管辖权　国际条约中所谓裁判管辖权者，自国派驻条约国之领事官，对于侨寓条约国之自国人民，依自国法律以行裁判之权也。

补笺　正本所不足之语，以另纸补足说明之笺，曰补笺（参看商法四五七）。

补阙议员　议员定额之外，预备缺额时补充之议员，名曰补阙议员（参看市制一七）。

里书　关于指图债权之让与质入，必要之法定要件也。于各种证券之反面，依一定法式，书明让与或质入之旨，名曰里书。书债权者之姓名，以证明其确实收到者，亦曰里书。

里书让渡人　凡债券欲让与于他人，必于债券里面，记明让与之旨。此让与者，名曰里书让渡人。如甲负乙债，必有债券。其后乙以债券，让与于丙。此后丙为甲之债权者，然须使甲知之。故乙于让与时，于证书里面，记载让与于丙之旨，谓之里书。乙谓之里书让受人。然此专适用于指名债权、指图债权。若无记名债权，得迳行让与，无须里书（参看指名债权、指图债权、无记名债权注）。

复本　凡为替手形，必具二券。一为正券，一为副券。此副券，名曰复本。其功用与正券同。若正券遗失，得以此复本支取（参看为替手形注，商法五一八以下）。

复利　由元本所生之利息，谓之利。由利息所生之利息，谓之复利。

复本籍　因先时申告之阙漏及其他之事故，一人而有二本籍者，名曰复本籍。有复本籍者，除定一正当本籍外，余须除去之（参看户籍法一九七）。

复线式 铁道电线等，仅可以来或往之单线，曰单线式。其可以同时往来之双线，曰复线式。

复选举 选举后，更由当选人中再行选举，是谓复选举，亦称间接选举。例如选举议员，先由普通人民选出选举人，此选举人再行选举议员是也。反此称为直接选举（参看商业会议所议员选举规则七）。

制造人 凡工作制造之人，曰制造人。

制造标 制造之标识也。

被后见人 受后见（即监护）之未成年之人及禁治产之人，曰被后见人（参看后见注）。

被相续人 让家督之职、财产之权与人者，曰被相续人。如父畀子以财产，则子为相续人，父为被相续人。

袄纸 日本室内，多以纸为壁袄者，室与室间之门，通常皆糊以纸。此纸曰袄纸。

袂时计 时计，钟表也。其小者曰怀中时计，即表也。怀中时计，又名曰袂时计。

襾部

要素 凡事理上必要之原质，曰要素。如土地、人民，为国家之要素是。

要偿 要求赔偿之谓。

要役地 指行地役权者固有之土地而言。如甲地无水，有向乙地汲水之权，则甲地名曰要役地，乙地名曰承役地（参看地役权注）。

见 部

见积 估计也,心算也。

见习 寓诸目而识诸心,以实求经验者,曰见习。

见张 监守也,盘查也。

见认 认准也。

见本 即样本。

见本帖 汇集样本之册子也。

见本小片 样本之小片也。

见込违 见込犹言心算,与心算相反者,名曰见込违。

见込额 见込心算也。由心算而推定之额,曰见込额。例如工事必先心算需费若干,而推定其额数是。

见取图 测量时测得之略图。亦曰对景图。

见出帐 帐簿中附列之表,曰见出帐(参看不动产登记法一九)。

见込造石数 由造酒者之心算,造若干石数,谓之见込造石数。

觇标 陆地测量时所用标木之一种,立于高处,使一望而知。

觉书 列记重要之事实,以备查考之文书,名曰觉书(参看民事诉讼法三一四、三六二)。

亲权 父母本法律之定例,对于子有保护教育管理之权,名曰亲权。亲权通例其父行之。父死亡或远出时,不能行其亲权者,则母行之。惟出嗣之子及子成年后,能独立自营生计者,无须服从亲权。又继父母及嫡母,则不从普通亲权之定例,须从后见人之定例(参看继父继母及嫡母注)。

亲族会 据民法规定,会亲族三名以上,议决关于私人或一家之利害事项。亲族会员,就亲族或与本人有关系者,由裁判所选定(详见民法第四编第七章)。

亲笔遗书 指遗书之出自亲笔者而言(参看民法一〇六八)。

观测所 见气象台注。

规约书写 立规约时所作之文书誊本也。

角 部

角度 测角之大小之单位,曰角度。例如将圆四等分之,其圆处曰弧,锐处曰角。圆四等分时,其角之度数,适等于九十度。八等分时,其角度适等于四十五度等是。

解消 解除消灭之义。法文上于婚姻多用此语。如离婚后,则曰前婚之解消。

解除权 对于已成契约上所定之权利义务,得施解除之行为者,名曰解除权。

解除条件 法律上效力之消灭,尚未确定之条款,曰解除条件。如立保火险之约者,必曰若系有意放火,则赔款之约作废是。法律上之效力,消灭于有意放火之时。今未确定也,是谓解除条件。

言 部

言渡 听讼者对于诉讼者之裁判宣告,曰言渡。

变造 真物之上,而加以变更之造作,名曰变造。试以货币论,本有实价定价之别,若有人凿取金属之货币,而于其中取出几分金质,是即变造货币之实价。又如纸币定价为二十元,而改为三十元,即变造货币之定价(参看刑法一八三,商法四三七、四三八)。

议决 议员公共决认。

议院建物 指属于议院各种建筑之物而言,房屋其大端也。

认可 允准也。

认知 凡私生子,法律上不认有亲子之关系,须其父或母向户籍吏承认,确为己子后,始生亲子之关系。此承认,名曰认知(参看民法八二七、八三六,户籍法一五八)。

认印 凡承认其事,而钤之印,名曰认印。

认可申请书 请求官吏批准之文书,名曰认可申请书。如欲营矿业,具书于所管官吏请其准许,则所具之公文,即谓认可申请书(参看商业会议所施行规则一,银行条例一七)。

调达 制造购买物品,以备人需用,曰调达。

调书 记述调查事件之文书,曰调书。

调制 调查而制作之,曰调制。

调剂 齐和百药,名曰调剂。

调剂掛 医院或药铺司配制药品之人也。

谆辞 祭文也。

诸预 指诸种预金而言(参看预金注)。

试补 即试用之谓。日本学习判事,名曰判事试补。

让受 承受他人所让之权利,名曰让受。如甲以财产售与乙,则甲为让渡之人,乙为让受之人(参看让渡注)。

让渡 让一己所有之权利,以付诸人,名曰让渡。让渡有有偿、无偿之别。如买卖交换,为有偿之让渡;如赠与遗赠,为无偿之让渡。

诘 终也,结也。又有驻在之意。如言某所诘,即驻在某所也,犹言常川。

训令 长官因示属吏以行政之方针及法令之解释而发命令,名曰训令。

读会 当会议时,朗读法律条文,名曰读会。共三次:第一次许互相质问，互相辩论；第二次许互倡修正之议；第三次全案大致已决议，除更正文句外，不许再有异议。法家称为三读会制。

请戾 收回也。

请愿 臣民据理上书，或达议会，或达官府。凡请求其所愿者，曰请愿。与诉愿不同。

请人 犹言保人。

请负者 凡承办事务之成于劳力者，名曰请负者。请负与雇佣不同。二者虽均由劳力而得酬报，然雇佣以劳力易酬报，不问事之终始；请负必竟其事，始得酬报。

诉愿 行政官有不合法律之举动，毁损人民之权利，人民不服而上诉行政裁判所，名曰诉愿。

诉状 人民诉冤之书，曰诉状。

诉追 本为轻罪，经被告发觉，确系重罪，而再为伸诉者；本为轻罪，经检事查明，确系重罪，而提出公诉者，名曰诉追。

诉讼物 因是物而起诉讼者，则是物名曰诉讼物（参看民事诉讼法二、三、五）。

诉讼能力 具辨别之知识，法律上认为有诉讼之能力者，曰诉讼能力。按诉讼能力之有无，皆从民法之定例。若民法上所定之未成年者、禁治产者、准禁治产者，皆无诉讼之能力（参看未成年者、禁治产者、准禁治产者注，民事诉讼法四十三至四十七）。

诉讼委任 本人委任一诉讼代理人而涉讼，名曰诉讼委任。委任之方法有二：一书面委任，即以本人与代理所订之委任契约，提出于裁判所，以证明有代理之资格者是；一口头委任，即于公庭对质之时，当判事前而委任之是也（参看民事诉讼法六四）。

诉讼代理人 本人有不能亲自诉讼之故，得依法律之定例，遣人代赴讼庭，名曰诉讼代理人。按代理诉讼之人有二种：一以辩护士代理之；一以亲族雇人代理之（参看民事诉讼法三二）。

证券　证书银券等，曰证券。

证票　证书银票也。

证人　犹言见证。详言之，局外之人因其深见深知局中之事，向裁判所负陈述之义务者，曰证人。与人证不同。

证认状　用以证明而承认其事之文凭，曰证认状。亦官署公文之一种。

证据调　指裁判所调查证据而言。如讯问证人，检查实据之类是（参看民事诉讼法二七三至二八八）。

证凭调济　调，调查也。济，毕也。裁判所调查犯罪之证凭既毕，名曰证凭调济（参看刑事诉讼法二二〇）。

证据抗辩　原告所主张之事实，原告必提出证据。被告所反对之事实，被告亦必提出证据。对此证据，而互相抗辩，名曰证据抗辩（参看民事诉讼法二一四）。

证据决定　两造相争，裁判官非有证据，不能断定其是非。然人情狡诈，往往故意列举，希图蒙混。故裁判官必先以职权决定证据，然后再行调查，是曰证据决定（参看民事诉讼法二七四）。

评定官　行政裁判所之官吏。与司法裁判所之判事同。

评价书　评定价值之书也。例如田地等，先评定价值，存于政府。此后，或出租，或出卖，其价值悉凭此书。

计算书　指任出纳之官吏，计算出纳之书而言。为会计簿书之一种。

记名式　见指名债权注。

记名社债　见社债注。

记名株式　凡株式会社，以记载股东姓名之股票，为股分之凭据者，名曰记名株式。股票有不记名而发行者，则与此有别（参看商法一五，民法三六四）。

设定行为 指设定权利义务之行为而言。如立债权之契约，以设定债主之权利，负主之义务，即谓之设定行为。

护谟 即橡皮。胶浆用以封物者，亦曰护谟。

护谟制品 橡皮制成之物，曰护谟制品。中国谓之树胶。

护谟附品 用胶浆贴附之物，曰护谟附品。

诈欺破产 商店因怀欺诈之意而破产者，名曰诈欺破产。如于支付停止，或破产宣告之前后，于帐目中，或虚指借入贷出之数，或增减其借入贷出之数，或毁灭藏匿其帐目等类。是为有罪破产之一种（详细载破产法一〇五〇）。

课金局报 电局依电报规则之规程往复电报，名曰课金局报（参看电报规则第八章）。

豕 部

预审 凡重案疑狱，预先有索其罪证之审问，名曰预审。案预审者，秘密审问，使人不知也。秘密之故，一因犯罪之人，所事未泄机宜，乃易得其确实之证据；二恐其人非真犯罪者，得随时释放，以保全其名誉。

预备金 以一定之金钱，储以备预算不足，或预算外别有支出之需者，名曰预备金。备预算不足之需者，别为第一预备金。备预算外别有支出之需者，别为第二预备金。

预告登记 因原登记之无效，或取消或涉讼，由裁判所嘱托登记所，将其无效，或取消，或涉讼之事实，再行登记者，名曰预告登记（参看登记注，不动产登记法三、三四、一四五）。

预审判事 司预审之裁判官，名曰预审判事（参看预审注，刑事诉讼法一四二至一四九）。

象限仪 圆周之四分之一，为一象限。一象限，等于一直角。一直角，等于九十度。用以测象限之器械，曰象限仪。

贝部

败诉 诉讼失败之谓。

赐暇 赏假也。

贿料 日本谓供给饮食曰贿，故贿料犹言饭钱。

买戾 结买卖契约时，许卖主于一定年限内，有赎回之权利者是。卖主之期内回赎，名曰买戾。

买卖仕切书 仕切犹言结算。仕切书犹言结算书。故买卖之际，缮具帐单，谓之买卖仕切书。

责付 判事当预审之际，苟得检事之同意，得以被告交付诸被告之亲属故旧，令其亲属故旧作值审必到之保状，以专责成者，名曰责付（参看刑事诉讼法一五九、一六〇）。

责任准备金 任偿还之责者所预备之金额，曰责任准备金。例如银行发出兑换银券一纸，即当准备此纸上所记之金额，以备及期之应付，盖当发银票之时，已负荷支付于人之责任者也（参看商法施行法九八）。

贷方 簿记上之用语。凡一簿书，必分收入、支出两栏。支出之栏，标其名曰贷方。收入之栏，标其名曰借方。

贷席 得借充公众开会之房屋，曰贷席。

贷付金 指贷付与人之款而言。

贷借勘定 贷人者曰贷，贷于人者曰借。以贷出之数，与借入之数，对照而计算之,曰贷借勘定。

贷借对照表　贷出借入,对照列表,是曰贷借对照表。此为商业簿记之一种,商法所明定者也。例如贷出于甲者千金,贷出于乙者五百金,借入于丙者九百金,借入于丁者七百金,贷借两项分别上下而成表,对照其数,借入较多百金,即得知有百金之亏耗。调查财产,莫此为易(参看商法一九〇)。

赁金　以财雇物,曰赁。赁价曰赁金。如租屋之租价,工人之劳银,皆曰赁金。

赁贷人　依赁贷契约受酬报,俾他人使用物件及收物件所得之利益者,曰赁贷人。如贷与家屋之家主,贷与土地之地主是。

赁借人　依赁贷借契约支付酬报,使用他人之物件及收物件所得之利益者,曰赁借人。如租借家屋之租客是。

质权　债主有占负主之物(物者包含不动产、动产及无形之权利)以作担保之权利,名曰质权。

质入地　负主质入之土地。

质入证券　因物主之要求,欲将物件典质时,质主所付之凭票,名曰质入证券(参看商法三五八)。

卖八　发卖之谓。

卖下　由官府卖与人民之谓。如售邮票之处,称邮便切手卖下所是也。

卖下所　见卖下注。

卖下高　高,额也。卖下,卖却也。指卖却之额而言。

卖拂代金　指卖物所得价金而言(参看商法施行法九八九)。

卖买取引　卖主与买主之交易,曰卖买取引。

贤所　宫中温明殿之别名。安置神镜之所,使内庭侍妃守护之。故旧时又名内侍所。

贤所大前 贤所之前面也。大前者,神前之敬称(参看贤所注)。

负担附赠与 赠人以物,仍附以负担之责者,曰负担附赠与。如甲以房屋赠与乙,而房屋建筑费,甲尚有若干未付,须乙负担支付之责者是也。

财团 募集财产,以谋公益之团体,曰财团。如以学校公会等名义,募集而成之财产团体,均曰财团。

财产处分 凡物有金钱之价值者,皆曰财产。就所有之财产而使用之,消毁之,送赠之,皆曰财产处分。例如金银为财产之一种,以之购物,则处分也。以之赠人,亦处分也。即付诸烟火,使之消毁,亦为处分。

财产管理人 依法律之定规或两造之契约,而管理他人之财产者,曰财产管理人。

赖信 发电报人向电局托其打电,谓之赖信。赖信所用之纸,曰赖信纸。即电码纸也。

赖信纸 电报局供发电者所用之纸,曰赖信纸。

费消罪 将他人典质借贷或寄托于我之财物浪费而消灭之,法律上即认为有罪,名曰费消罪。

赏誉簿 授与赏表于囚人时,登录其氏名之簿册也。

赏典禄 维新之际,一种俸禄之名称,所以赐有功者。

贵族院 帝国议会之一部也。为贵族院议员者有五种:一成年以上之皇族男子,二成年以上之公侯爵,此二者为终身议员;三成年以上之伯子男爵,由同爵中互选,任期七年;四有勋劳或学识之男子,年达三十岁以上,特蒙敕任者,为终身议员;五各府县纳税多者,年达三十岁以上之男子,每府县互选一人,任期七年。以组织贵族院，与众议院相合以成帝国议会（详细见贵族院令）。

贵族院令 成立贵族院之法令。

赋课金 赋课征收之金钱也。

贴付方 黏贴之方法也。

货物改所 检查货物之所也。

货物引换证 由运送人交付于货主之证据，名曰货物引换证。记载于此证之内容有六：一运送物件之种类重量容积及其件数记号；二送货所到之地名；三收货人之名姓或店号；四送货力金；五此单发出之地名及年月日；六运送人署名是也（参看商法三三三）。

赤 部

赤十字社 即红十字会。

赫克达尔 测面积之名词。一万平方迈当，为一赫克达尔（参看生的亚尔注）。

赫克脱迈当 度名。百迈当为一赫克脱迈当（参看迈当注）。

赫克脱克兰姆 衡名。百克兰姆，为一赫克脱克兰姆。

赫克脱立脱尔 量名。百立脱尔，为赫克脱立脱尔。其容积为一立方迈当十分之一。

走 部

走向 方向也。例如矿床之走向，即有矿可采之方向也。

起诉 提起诉讼于区裁判所请其初审，或提起诉讼于地方裁判所，请其初审者，名曰起诉。与控诉、上告不同（参看区裁判所、地方裁判所、控诉、上告注，民事诉讼法三，刑事诉讼法一一、一二、六四、三一三）。

越年蚕种　母蛾产蚕子于纸，留待来年饲养者曰越年蚕种。

足　部

蹈棚　两梯相接，用以驻足之处，曰蹈棚。如矿内深处，必用数梯相接，始便升降。梯与梯相接处，用板平铺，以便休息之处，即蹈棚也。

蹄铁磁石　磁石屈曲之使成马蹄形状，曰蹄铁磁石。因屈曲成马蹄形，其吸引铁片之力更强。

身　部

身分帐　记录囚人身分之帐簿。

身代限　人民一身所有之财产，谓之身代。法律上可尽以一身所有之财产，抵偿债务，名曰身代限。言身代外，不能再取身外之财产，以为抵偿。

身元保证金　恐职业上之差误，预置金钱，以作保证，名曰身元保证金。日本司会计之官吏及请负人，须纳身元保证金（参看请负人注）。

身元引受人　司会计之官吏，皆当纳身元保证金，设出纳有误，致政府有所损失，当责其赔偿。设无以赔偿，则以身元保证金作抵。然亦有以保证人作担保，免其纳保证金，日后该官吏不能赔偿，则责诸保证人，是保证人乃引受该官吏本身之责任者，故名曰身元引受人（参看身元保证金注）。

车　部

转勤　官吏之转任，曰转勤。

转籍 转移户籍之谓。如人已定本籍于东京，又转移其家族于西京，因而改其本籍，名曰转籍(参看户籍法一八〇、一八九、一九五)。

转付 负主付于他人所握之债权，移转交付于债主以作抵偿者，谓之转付。例如甲负债于乙，丙又负债于甲。则乙得依法律之规定，以甲对于丙所握之债权，移为自己之债权是。与代位辨济不同(参看代位辨济注，民事诉讼法七三二，破产法一〇一九)。

轮伐龄 采伐树木，必有一定之年期。例如矮林必十年以上，乔木必三十年以上，竹林必三年以上，始准采伐，是曰轮伐龄。

辅佐人 当两造涉讼时，苟一为无能力之人(参看能力注)，法律上许其用辅佐之人，以助其对质，是名曰辅佐人。惟辅佐人最易舞弊，故裁判官有权禁其代诉，或斥退其辅佐，命辩护士代之。

轻惩役 刑罚之名(详见刑法)。

辛 部

辨济 还清之谓。

辨偿 偿还之谓。

辞令书 官吏授职削职之公文，曰辞令书。

辰 部

农工债券 指农工银行发行之债券而言(详细参看农工银行法二十六条以下)。

辵 部

辻 十字路也。

込土 所装入之泥土也。例如对爆裂药时，必对以泥土是也。

达 长官传命于所属官署，曰达。

达济 达，送达也。济，竣也。送达已竣，曰达济。

达那曼特 炸药也，绵火药也。

通帐 常有交易之家预作一帐，买物时书其物及价按期算帐，此帐曰通帐。即发货折子也。又邮便贮金，作一帐以记明贮金出入，亦曰通帐。

通货 全国通用之货币，曰通货。即金元、银元、铜元、纸币之四种。

通过税 经过税关时所征之税也。

通信社 开办一社，以专任访事，向报馆或个人，将其所探访之事，即行通信者，曰通信社。

通行钱 渡船桥梁等，向过此者征钱，曰通行钱。

追送 尾其人之所至送交之之谓。

追纳 已纳之金尚不敷额，或有事故，一时不能完纳再行补纳者，谓之追纳。

追完 涉讼者于法律所定之期限内，因有意外之障碍不克践行其当为之事，后经裁判所之原宥，使之补为其所当为之事，名曰追完（参看民事诉讼法一七六、一七七）。

追认 法律上已失效力，日后复认为有效力者，曰追认。如未成年者之达于成年，准禁治产者之复有能力，被欺诈及强迫者发觉被欺诈及强迫之实据，法律上皆许追认之。

追征金 裁判所对于人民当征收之金钱，当时因事故不能征收，日后补征者，名曰追征金（参看刑事诉讼法三二〇）。

追尾电报 应接受电报者，如他适不在所指示之处，则再转送至所在之地，无论适何处，必查明此人之所在，送到而后已，曰追尾电报（参看电报规则九、一二六到一三〇）。

回送 运送也。

回避 判事于诉讼事情，自恐有除斥之原因，或偏颇之嫌疑，不待裁判所之除斥与涉讼者之申请忌避，而先行辞退，名曰回避（参看除斥、忌避注，刑事诉讼法四四）。

迈当 法国度名。一迈当，约合中国工部营造尺，三尺二寸三分四厘二毫一丝二忽八微。

造林 指森林之营造而言。

造家 建造房屋之谓。

送状 送物时，开列物数之书状，曰送状。

退席 凡半途退去，谓之退席。

连署 犹言联衔。欲明相共之关系，列记其姓名于书后者，谓之连署。如甲、乙二人意见相同，投意见书于丙，自当连署甲、乙之名，以明关系之相同。凡呈报书、愿书、意见书、报告书、证书等，莫不皆然（参看商业会议法施行规则一）。

连带 数人牵连而任一事，曰连带。

连带债务 数人同负一债，对于债务之负责任，系互相连带者，曰连带债务。如三人共负债三千元，实则各负一千元，然对于债主，不仅负一千元之责任，其责任系互相连带者也。

连名投票 一选举人，于一选举票内，得连选数人，而列记其姓名者，名曰连名投票。反是，谓之单名投票。

连接邮便电信局 一个人与邮便电信局，有收发电报之关系，两处之间架设电线以相连接者也。

速记法 凡开会演说，司书记者，必从速记录其演说之语，是谓速记。速记字与寻常字不同，其法曰速记法。

违约金 违背契约之罚款也。

遣拂精算 遣拂,费消也。遣拂精算,核算费消之数也。

选举掛 掌管理选举地方议员之职员,曰选举掛。

选择权 指偿债时有选择之权而言。如田户之对于田主,结偿以五谷之契约。然仅曰五谷,届期偿米、偿麦尚须选择而定。握此选择之权,曰选择权。

选举名簿 凡一选举区内,须将有选举权者之氏名、官位、职业、身分、住所、生年月、纳税额等,一一笔之于册,此册名曰选举名簿。凡选举众议院议员,府县会、郡会、市会、町村会议员,皆须置备。

选举记录 记载选举会颠末之记录,曰选举记录。选举长及立会人,均须署名。议员之任期以内,须保存之。他若府县会、郡会、市会、町村会,关于议员之选举,亦有此记录(参看立会注,选举法六七、府县制三〇、郡制一九、市制二六、町村制二七)。

选定家督相续人 由亲族之公议,选定家督相续之人,曰选定家督相续人。惟无法定家督相续人指定相续人时,始得开亲族会选定之(参看法定家督相续人、指定家督相续人及家督相续注,民法九八二至九八五)。

返戾 犹言却回。

返济 返还既竣之谓。

返付 犹言还付。

返信 回音也。

返信用纸 回电所用之电码纸也。

返信料前纳证书 发信人预纳回电费者,由收电之电局作一证书,书明预纳回电费之旨与电报一并送交收电人,使其回电,名返信料前纳证书(详细参看电报规则第四章,第十章第二节)。

返纳金 国用会计上,因预付(参看前金渡注)、概算(参看概算渡注)

及款项转用(参看繰替拂注)而支出之金额,至预付概算之有余,转用款项之拨还。此余资及拨还之款,名曰返纳金(参看会计法二三)。

返信料前纳电报　发电报者欲候回音,预纳若干字回电费,使复电者不必出资。此电报,名曰返信料前纳电报。

运河业　于内河运送货物为业者,曰运河业。别于海商而言。为运送营业之一种。

运送业　铁道船舶等,以搬运为业者,泛称曰运送业。

运送料金　运送费也。

运送取扱人　以自己之名,承办运送物品之人,曰运送取扱人。与运送人不同。运送人者,即一切之运送人夫,如车夫、苦力等是也。运送取扱人,则以运送为业,而包揽承办一切运送之事者也(参看商法三二一)。

遗言　以生前言生后之事,使生后得见诸实行者,是曰遗言。惟遗言必准法律之定例,否则不能见诸实行。故民法特设遗言一章,详定其制,以示准则。

遗赠　人死时以遗言赠人财产,曰遗赠(参看遗言注)。

遗留分　指财产中遗留与相续人之一部分而言。日本民法所定,如人有财产十万元,设有子女若干,必遗留财产之半数(即五万元),以与其相续之人。其余之财产,或赠与或遗赠,悉听本人之自由。此遗留财产之半数,名曰遗留分(参看相续人、赠与及遗赠注,民法一一三〇至一一四六)。

遗产相续人　家主死亡后,继承其遗产之人,曰遗产相续人。如次子仅继承其遗产,不若长子之兼继承其家督,故次子即为遗产相续人(参看家督相续注,民法九九〇至一〇〇〇)。

遗留分权利者 先人所遗留之一分财产，有承受之权利者，名曰遗留分权利者。即指相续人而言（参看民法一一三四、一一三五、一一四二至一一四五）。

过剩 物余于所用之谓。例如经济学上所谓过剩生产，即供过于求，其生产至于过剩是。

过金 与过怠金同（见过怠金注）。

过料 犯行政规则（如失于登记等事）而罚以金钱，名曰过料。

过怠金 对于怠慢过失等行为，而使之负担金钱，名曰过怠金。与罚金、科金等相同。非欲其补偿损害也，得借此以行制裁耳。例如议员违背规则，则科以过怠金，所以示罚也（参看保甲条例三）。

过怠破产 商店因过失怠慢而破产，名曰过怠破产。如于支付停止，或破产宣告之前后，或因赌博，或因射不正之利而破产，是为有罪破产之一种（详细载破产法一〇五一）。

过磷酸石灰肥料 药品名，可作肥料用。由磷灰石（矿物）或动物之骨碎粉之，加适量之硫酸（硫强水）制成。此物见水易溶，使植物易于收吸，奏效甚速，通称过磷酸石灰肥料。凡植物之需磷以生活者用此。

递付 递送也。

递信省 见递信大臣注。

递信大臣 日本递信省，略如中国邮传部。递信省尚书，称递信大臣。

逋脱 偷漏也。

逐书 犹言附记。

道筋 路线也。

游动军用电信 见固定军用电信注。

邑 部

都合 便宜之谓。

邮便端书 邮政明信片。

邮便切手 邮票也。

邮便贮金 于递信大臣所指定之邮政局,得贮存金钱,名曰邮便贮金。

邮便为替 为替,汇兑之义。由邮政局汇寄金钱,曰邮便为替。

邮便为替券 邮政局之汇票。

邮便递送人 指邮政局送信之人而言。

邮便集配人 指邮政局司收送邮信之人而言。

邮便切手贮金台纸 向邮局贮金,须用现金购邮券。再以此邮券,贴于纸上,交付邮局,谓之邮便切手贮金。此贴邮券之纸,谓之邮便切手贮金台纸。邮便贮金法,各种不同。此种用邮券贮入之法,金额每人每月不得过一元,所以便小民之贮蓄也(参看邮便切手注,邮便切手贮金规则)。

邮便贮金预所贮金 邮局为人民代存贮金钱,谓之邮便贮金。司邮便贮金之托存所,曰邮便贮金预所。邮便贮金预所所管掌存贮之贮金,曰邮便贮金预所贮金。

邮便报知 见受信电报料注。

邮便电信局 日本都邑之地,多将邮政局与电报局合设一处,以资通信便捷,名曰邮便电信局。

邮便料 即邮费也。

邮便集配人 邮局属员也。司集邮政信柜中之邮信,或分送邮信之人,曰邮便集配人。

邮便受信报知 见受信电报注。

邮便日附印　邮局于信件封面，盖印年月日之图章。此图章曰邮便日附印。

邮便私书函　邮政局所备信柜之一种。一私人预请于邮政局，为其专用之信柜也（详细见邮便私书函贷与规程）。

邮便联合条约国　各国互相订立条约，彼此联合，受送邮件。其联合诸国所用之邮票明信片，互相承认通用。此订立邮便联合条约之诸国，曰邮便联合条约国。

那霸　琉球地名。今为日本冲绳县所辖地。

那毕尔　人名，创制自差表之人也。

酉　部

酢　即醋也。

酸类　化学上所用之药，分酸类、盐类、盐基类三大种。酸类有酸味，遇青色试验纸或试验液，即呈赤色。例如硫酸、盐酸（皆化学药名）等是。

醵出　醵金相助而支出之，谓之醵出（参看保险业法二六）。

配赋　配赋有广义，有狭义。广义言之，与分配同。狭义言之，则准按人数，而赋与物品，曰配赋。

配下　犹言治下。凡属其管理者，均得谓之配下。

配送　分送也。

配达　与配送同义。

配达方　分送之方法也（参看配达注）。

配达料　配达，分送也。因送电报与收电人所须之费用，曰配达料（详细参看电报规则第七章）。

配达先　分配而送达之，曰配达。配达所到之地，曰配达先。

配达先登记料 应分送之处,曰配达先。将配达先预请电局注册之费,曰配达先登记料。

配达实费 电局送电报与收电人时,路途太远,则需费亦多。故除征收一定之送费外,再征收实际所须之费用,此费用曰配达实费。

配达证明 即邮政信件回据,证明其确已送到者(参看配送注)。

配偶者 夫妇之对称。

配司脱 鼠疫也。又称黑死病。

配当 分配也。

配当金 配当,相当分配之谓。例如数人结合,以营商业,凡所得之利益,须照各人出资之多少而分配之,则分配之金额,曰配当金。

配当加入 指加入于受分配者之间而言。如有兄弟五人,欲分父之遗产,须申告于裁判所,请分离其财产。此五人各自申告,即各自加入于受分配者之间也,是为配当加入(参看民法一〇四一)。

里 部

量点 即俗称秤星、秤花者是。

重箱 木制之匣,以数重叠成,故曰重箱。赠答礼物时用之。略如中国层盒。

重立 主要之意。

重过磷酸石灰 肥料之一种。即过磷酸石灰之精制者。百分之重过磷酸石灰,约含有四十分乃至五十分之可溶性磷酸。植物更易收吸之。凡植物之需磷以生活者,此为最良之肥料。

野见图 测量时所画之草图也。

金 部

金员 犹言金类。

金札引换公债 日本维新之际，政府始发行纸币，名曰金札。时承德川氏之后，施行新政，民多未信用。因之政府宣言曰，今发行纸币，为补一时急需，至明治五年以后，必当附以利息。于是政府发行公债，以与金札交换。其所收回之金札，尽行销毁。其公债本利，以金银货币偿还，以整理财政。此公债曰金札引换公债（详细见金札引换公债证书发行条例）。

金钱贷付业 以贷付金钱与人为业者，曰金钱贷付业。

铁道系员 从事铁路事务之人，曰铁道系员。

铁道船舶邮便法 托汽车或船舶运送邮便物件，因对于铁道及船舶等，以运送为业者，规定其权利义务之法律，曰铁道船舶邮便法。

铁制込棒 用铁制成之棒也。采矿时间用炸药，装炸药时所用之铁棒，曰铁制込棒。

钓台 绾竹悬板以载物，而得以舁之者，曰钓台。

钱位 一钱即中国十文。日本通货，分厘、钱、元各位。兹指钱之位而言。

钝角 角度九十度时，为一直角。比九十度大之角度，曰钝角（参看角度注）。

铸物 凡铸金属而成之物皆是。

锐角 角度九十度时，为一直角。比九十度小之角度，皆曰锐角（参看角度注）。

铩绪 系称锤之绳。

钉隐 用铜铁制成各种物形，用以隐蔽钉凿痕处，曰钉隐。屋内装饰品也。

鉴札　奉官吏特许之准牌，曰鉴札。即执照也。

鉴札料　请官吏颁给鉴札时，纳其费用，谓之鉴札料（参看鉴札注）。

鉴定人　凡重案疑状，须用特别之知识，始得鉴定者。裁判官得请一具特别知识之人以相助，是曰鉴定人。如鉴定毒药之有无，须医生为鉴定人。

矿床　矿区内已开之矿坑，曰矿床。

矿业权　于特定之地方，特定之矿物，有采掘采取之专权，谓之矿业权。此为财产权之一种。普通人民所有之私权也（参看矿业条例）。

矿业税　矿业人所纳之税，曰矿业税。日本征矿业出产物之税，约值百抽一。

矿区税　采矿区域内所纳之税，曰矿区税。日本矿区内之面积，凡达三百四十平方丈，每年征税三角。

矿床露头　矿苗已发现处，曰矿床露头。

钬皿秤　有金属制秤盘之秤。

锹下年期　开垦十年，不见成功，乃请诸官吏，于若干年内，从缓修正地价，仍照原地价课税。则若干年内，谓之锹下年期（参看地租条例一六）。

锁闭计算　交互计算，至终结之时，名曰锁闭计算。交互计算相抵有余之金若不交付，自此终结之日起，即当照例计息（参看商法二九五、二九六）。

锚地　投锚停泊之地。

针路航程　船舶之航行，必据罗盘针定其方向，故船舶行路曰针路。航程，航行之路程也。

镕解之安全器 可以融解之安全器也。所以防御电气之危险，而使安全之器。

门 部

间 日本度量名。六尺为间。

间仕切 间，室也。仕切，画断也。室中之区画界域，曰间仕切。

阁令 内阁总理大臣本其职权而发号施令，曰阁令。

开业 开办营业也。

开札 开票也。

开廷 开法廷，听讼也。

开港场 通商口岸。

开舱免状 开舱准单也，以便提货上岸。

问合 问明也。

问屋 以自己之名，经营代他人贩卖，代他人买入之商业者，名曰问屋。为取次营业之一种（参看取次注，商法三一三至三二〇）。

闪火 闪铄之火光也。

阅览料 电报或有错误须查明时，就电局请查阅电报纸，此报酬曰阅览料。但阅览料之义，各有不同。如图书馆阅览料，看阅图书馆书籍之酬金也。此则专指电报阅览而言。

阙席判决 原告或被告，当对质之日不到案；或到案，而于各种之事实证据及发问，不为陈述；及任意退出公庭者。则裁判官对于原告，即发诉讼却下之命令。对于被告，即发被告败诉之命令。是种命令，名曰阙席判决。然受阙席判决之原告或被告，于十四日以内，若能申明其非因懈怠，而不到案不陈述，实有不得已之理由者，仍准取消此判决。其在刑事诉讼，公判之日，被告人不到公庭，由检事请求判决(参看民事诉讼法二四六至二六五,刑事诉讼法二二六至二三四)。

阜 部

隐语 用日常通行之语,而其意别有所指,使他人不解其意所在,是谓隐语。

隐居 以家业让与相续人,而辞去户主之身分者,名曰隐居。

障子 日本纸窗。

限度 制限之程度,曰限度。

限定承认 户主之债务,除户主所遗之财产作抵外,相续人不承认有偿还之责者,曰限定承认。如户主有遗产五千元,其负债逾八千元,则相续人虽任相续之职,然除以遗产五千元偿债外,限定概不承认是(参看民法一〇二五、一〇三七)。

除斥 裁判所之判事(书记亦同)有时得依法律之定例,禁其参与讼案,名曰除斥。除斥之原因有四,详刑事诉讼法四十条,民事诉讼法三十二条(参看判事注,民事诉讼法三二、三三,刑事诉讼法四〇、四一)。

除籍 因婚姻及养子,而转入他籍,必先除其原籍,名曰除籍(参看户籍法一八九、一九七、一九九)。

除权判决 原告对于被告而不知被告之姓氏,特请裁判所登报公告,限期回答。如届期仍无回答之人,裁判官对于被告之权利,得下除灭之判决,名曰除权判决(参看民事诉讼法七六八、七八九、七七〇)。

除名处分 本为团体以内之人,因其所为之不合,放逐于团体外而除去其名籍,是谓除名处分。

陆扬　自舟中运货登陆，谓之陆扬。

陆扬愿书　请求将货物上岸之文书。

陆扬免状　自舟中运货登岸，谓之陆扬。陆扬之际，必须有税关准许执照。此执照，名曰陆扬免状。

附火　引火木片。

附记登记　登记中再附记事件，名曰附记登记。如登记者原住东京，后住西京。则东京之登记，名曰主登记。西京之登记，名曰附记登记（参看登记注，不动产登记法七、五三、五六、五八）。

附加使用料　照例之电话使用费外，再附加之使用费也（参看电话使用料注）。

随意契约　凡政府建筑工程卖买物品，多用竞争之法，与承办者、买者、卖者立约，以示无所偏私。然有时不能用竞争之法，得随意择人，与之结承办或买卖之契约者，曰随意契约。如事出仓猝，当立即置办，无暇令大众竞争之时。又如政府欲购之物品，为某商店专利之时。又如政府所为须秘密之时是（参看竞争契约注，会计规则八二、八三）。

阶级选举　应其人之资格，分别上下级次而选举者，谓之阶级选举。此对于普通选举而言。普通选举，不论资产，但为内国人民，皆得选举人。而阶级选举，则有财产之区别。如法定纳税至若干以上者，为第一级。至若干以上者，为第二级。依此为准，厘别阶级。故有所谓三级选举、二级选举者，即阶级选举是（参看商业会议所议员选举规则第一条以下）。

隹　部

离婚　见离缘注。

离缘 养子离解其继嗣之关系，曰离缘。此语日本通俗亦有用于夫妇间者。然民法上则专指嗣父子间离解而言。若夫妇离解，则曰离婚。

离籍 家族违家主之命，恣意定其居籍，及未得家主之同意而结婚，及继嗣他姓者，家主得告诸户籍吏，除去其籍，名曰离籍（参看民法七四九、七五〇，户籍法一四八）。

离权 抛离其权利也。

雏形 物有与原形相同，而借以作为模样者，曰雏形。如建筑之绘图，人体之塑像，书状之仿本，皆得称之为雏形。

双务契约 指两造同负义务之契约而言。如立买卖之契约，买主对于卖主，有付价值之义务。卖主对于买主，有给物品之义务，是曰双务契约。若赠与及借债之契约，与双务契约不同，名曰片务契约。因契约之内容，仅赠与人及负主，负有义务，而受其赠与之人，及借以金钱之人，不负义务故也。

集配人 见邮便集配人注。

集治监 日本监狱，依犯罪之重轻，而分为六种。监禁、受徒刑、流刑等罪之监狱，名曰集治监，全国有四所。

集合仕拂命令 发命令书于金库，记载债主姓名、支付额、支出科目、年数、号数，使金库照付者，名曰仕拂命令。遇债主异、科目异，而支付同时，得集合为一命令，以省逐次之繁者，曰集合仕拂命令（参看会计规则三五）。

难破证明书 船舶在海上遭风潮等之难，证明其确有事实之文书也。

雨部

雪驮 下驮有二齿，其无齿者曰雪驮（参看下驮注）。

雷管 导火管也。以此装铳口,以供发火之用。

电话 即德律风。

电话呼出 呼出犹言招致,为欲用电话通话,请电话所,招人至电话所也。

电话番号 各户设立电机,与各处传话,必须编明号数,庶呼应无误。此号数,曰电话番号。

电话使用料 已行加入申込,装置电话者,得随意使用电话,加入者须纳使用费于电话局,此谓之电话使用料(参看加入申込注)。

电话加入者 设置电话者,必通告电话交换局装设,庶传话时,交换局能代为接线。此通告之人,曰电话加入者(参看电话交换局注)。

电话交换局 电话,即德律风。用电话者,先向电局告以所欲通话者之电话号码,由电局照号码接续电话,方可通话。此电局曰电话交换局(参看电话番号注)。

电话线接续料 加入电话者,电话局由其附近之电线,别设支线至其家中,使与电话局接续。此费用,曰电话线接续料。

电话交换业务用 关于电话交换之业务用者。

电报报知 见受信电报料注。

电报受付函 受付犹言接受。电局备一函,以便发信人将其电报稿纸投入,此函名电报受付函。

电报取扱料 办理电报之费也。

电报取扱局 办理电报事务之电局也。

电报受信报知 见受信电报注。

电信为替 即电汇。

电信建筑官 掌架设电线机器之官,隶于递信省。

电信为替拂 为替犹言汇兑。付款由邮政局电汇者,名曰电信为替拂。为邮便为替法之一种。

电线托送　电话加入者，向电报局预行禀告，用其所使用之电话机，发受电报，名曰电线托送电报（参看电信规则第六章，电话加入者注）。

电气铁道用电线　电气铁道所用之电线也。

非　部

非职　官吏依官府命令，暂离其职，仍不失其官衔者，曰非职。非职以三年为限。

非讼事件　指非两造涉讼之事件而言。如相续及财产登记等类，不须判断是非曲直，仅求裁判官征明其权利，以免日后之争论者，皆曰非讼事件。

非本籍人　见本籍人注（参看户籍法一九、二〇）。

革　部

鞠　皮球也。

页　部

领卷　冬令用以围颈，防寒之具也。如中国之围巾。

领诺　允诺也。

领置　领收而存置之谓。

领饰　胸前领下饰以结，是谓领饰。西装用品也。

头取　即总理人。

顺位　指顺位置之次序而言。

类节　将断丝结之使连，或数丝结之使长。系结之处，曰类节。又织物时丝断系结处，亦曰类节。

额面　指纸面所书之金额而言。如国债票，如股分票，其纸面所书之额为百元。其实因市面之信用与否，价值有落有昂。今不问时价，但言纸上所书数，则曰额面。

愿书　申明其所愿之文书，名曰愿书。

愿人　要求之人，曰愿人。例如愿出资租地、购田者之类。

顾诉　其所请愿之事，若其所诉求之事也。

预人　向银行寄存金钱财产之人，曰预人。

预拂　存入也，支出也（详见预入及仕拂条）。

预金　金钱寄存于银行，谓之预金。

预金高　高犹言额。银行预金之总额，曰预金高（参看预金注）。

预证书　托存之证书也。

预金规则　即贮金官局之规则，明治十八年（1885年）五月第十三号布告，凡八条。

预备支拂人　应照券付款之人，拒而不认，或认而不付之时，他人代之承认支付，记载其名于银券之人，名曰预备支拂人。如甲持券向乙取款，乙不承诺，或承诺之而不支付。有丙者预拟代乙，乃书其名于甲之银券上，至期代乙支付，此丙即预备支拂人也（参看商法五〇八）。

风　部

风袋　犹言包皮。凡用秤权多数之物时，盛别器权之，后再取别器权之，则知其所欲权之物之重。此别器，曰风袋。例如盛米于囊权之，其重百斤。再去米取囊权之，囊重十斤。即知米重九十斤也。此囊即为风袋。

风致林　点缀风景之林，曰风致林。

飞　部

飞石渡　于平滩浅渚之处，距离一步，置一石块，以便渡涉者。

食　部

饰缘　所以饰衣服巾帕之缘者也。

馀裕金　以收入与支出相比较而得之赢余额，曰馀裕金。

马　部

驾笼　即篮舆也。

骨　部

骨灰　动物之骨，煅烧成灰，曰骨灰。一百分之骨灰，约含有三十五分半之磷酸，故可用以制磷，并可用作肥料。亦骨肥之一种。惟较骨粉效用小耳。

骨粉　动物之骨，碎而粉之，曰骨粉。普通常用作贵重肥料，所谓骨肥者是。

骨炭末　动物之骨，煅烧成炭，研为细末，曰骨炭末。骨炭能收吸各种污物。糖之粗恶者，用骨炭滤过之，即成洁白精品之糖。迨至不能制糖时，将其滓渣研成细末，可供肥料之用。因动物之骨内，含有磷酸石灰故也。此亦骨肥之一种。

骸炭　焦煤也。

髟　部

髢　假发也。

鱼 部

鲳 曝乌贼而为干,曰鲳。

鲣节 鲣、鱼名。曝鲣鱼而为干,曰鲣节。

鲱粕 曝鲱鱼而为干,用为肥料者。

卤 部

鹼化之试验 甲物与乙物化合,而生石鹼(肥皂),或生与石鹼类似之物之作用,曰鹼化。用他种药品,试验某化合物,有无鹼化之作用,曰鹼化之试验。

麦 部

麦藁真田 以麦秆编成,作草帽之料也。真田,人姓也。此法发明于真田氏,因以得名。

黄 部

黄玉 矿物之一种,玉之黄色者。

黍 部

黐 似树脂而有黏力者,取黐树之皮炼制,用以捕鸟。

鼻 部

鼻绪 绪者,带也。鼻绪者,本屐上作斜十字形之带也。

龙部

龙骨 舶座之正中，自舻至舳，横一大柱，名曰龙骨。

日本法规解字终